시험일: ____년 ____월 ____일

JN395862

국가공무원 7급 공개경쟁채용 1차 필기시험 모의고사

| 언어논리영역 · 상황판단영역 |

1교시

응시번호	
성명	

문제책형

가

응시자 주의사항

1. **시험시작 전 시험문제를 열람하는 행위나 시험종료 후 답안을 작성하는 행위를 한 사람**은 「공무원 임용시험령」 제51조에 의거 **부정행위자**로 처리됩니다.
2. **답안지 책형 표기는 시험시작 전** 감독관의 지시에 따라 **문제책 앞면에 인쇄된 문제책형을 확인**한 후, **답안지 책형란에 해당 책형(1개)**을 '●'로 **표기**하여야 합니다.
3. 시험이 시작되면 문제를 주의 깊게 읽은 후, **문항의 취지에 가장 적합한 하나의 정답만을 고르며**, 문제내용에 관한 질문은 할 수 없습니다.
4. **답안을 잘못 표기하였을 경우**에는 **답안지를 교체하여 작성**하거나 **수정할 수 있으며**, 표기한 답안을 수정할 때는 **응시자 본인이 가져온 수정테이프만을 사용**하여 해당 부분을 완전히 지우고 부착된 수정테이프가 떨어지지 않도록 손으로 눌러주어야 합니다. **(수정액 또는 수정스티커 등은 사용 불가)**
5. **시험시간 관리의 책임은 응시자 본인에게 있습니다.**
   ※ 문제책은 시험종료 후 가지고 갈 수 있습니다.

정답공개 및 해설강의 안내

1. 모바일 자동 채점 및 성적 분석 서비스
   • '약점 보완 해설집'에 수록된 QR코드 인식 ▶ 응시 인원 대비 자신의 성적 위치 확인
2. 해설강의 수강 방법
   • 해커스PSAT 사이트(psat.Hackers.com) 접속 후 로그인 ▶ 우측 퀵배너 [쿠폰/수강권등록] 클릭 ▶ '약점 보완 해설집'에 수록된 쿠폰번호 입력 후 이용

해커스PSAT

언어논리영역

1. 다음 글의 내용과 부합하는 것은?

조선시대 궁중 의례는 국가의 중요한 행사로서 엄격한 규정에 따라 진행되었다. 궁중에서는 크게 오례(五禮)에 따라 의례를 행했는데, 이는 길례, 가례, 빈례, 군례, 흉례로 나뉜다. 길례는 하늘과 땅, 종묘, 사직 등에 지내는 제사 의례를, 가례는 왕실의 관례, 혼례, 책봉 등 경사스러운 의례를, 빈례는 외국 사신을 접대하는 의례를, 군례는 국가의 군사와 관련된 의례를, 흉례는 장례와 관련된 의례를 의미한다.

그중 가례의 한 형태인 궁중 연향은 왕실의 경사를 축하하기 위한 잔치로, 음악과 춤이 함께 공연되는 종합적인 문화행사였다. 궁중 연향은 내연과 외연으로 구분되었는데, 내연은 왕비가 주재하여 내·외명부를 대상으로 베푸는 연회였고, 외연은 왕이 주재하여 왕세자, 종친 및 문무백관을 대상으로 열리는 연회였다.

궁중 연향에서는 정재(呈才)라 불리는 궁중무용이 필수로 공연되었다. 이는 단순한 오락이 아니라 유교적 이념과 왕실의 권위를 상징하는 중요한 의례적 요소로, 특히 내연에서는 문무(文舞)와 무무(武舞)가 기본적으로 공연되었다. 여기서 문무는 유교적 문치주의를 상징하는 문(文)의 덕을 표현한 춤을, 무무는 군사들의 위엄과 용맹을 상징하는 무(武)의 덕을 표현한 춤을 말한다.

궁중 연향의 절차와 내용은 실록뿐만 아니라 의궤라는 기록물을 통해서도 전해진다. 의궤는 왕실의 중요한 의례나 행사를 기록한 책으로, 그림과 함께 행사의 전 과정, 참여자 명단, 소요된 물품과 비용 등을 상세히 기록했다. 이는 조선시대 궁중 문화의 정수를 담고 있어 현재 유네스코 세계기록유산으로 등재되어 있다.

조선 후기에 이르러 궁중 연향은 더욱 화려해졌는데, 특히 영·정조 시대에는 국가의 번영과 왕권의 안정을 과시하기 위해 대규모 궁중 연향이 자주 열렸다. 정조는 1795년 어머니 혜경궁 홍씨의 회갑을 축하하기 위해 화성으로 행차해 아버지 사도세자의 묘를 참배하고 회갑연을 열었으며, 그 기록을 『원행을묘정리의궤』에 담도록 했다. 『원행을묘정리의궤』에는 행차의 전 과정이 면밀히 기록되어 있으며, 이는 왕실의 권위와 문화적 화려함을 드러내는 중요한 역사적 기록이 되었다.

① 외국 사신을 맞이하는 행사는 내연과 외연으로 구분된다.
② 내·외명부가 대상인 연회에서는 일반적으로 문과 무의 덕을 표현한 춤이 공연되었다.
③ 왕비가 베푸는 궁중 연향과 달리 왕이 베푸는 궁중 연향에는 정재가 포함되지 않았다.
④ 의궤는 정재의 구체적인 동작을 필수적으로 기록함으로써 후대에 전승하였다.
⑤ 『원행을묘정리의궤』는 궁중 연향에 대한 내용을 담고 있는 유일한 기록물로서 그 가치를 인정받았다.

2. 다음 글에서 알 수 있는 것은?

정약전은 조선 후기 실학자로, 정조 때 문과에 급제하여 관직에 올랐으나 1801년 신유박해로 인해 흑산도로 유배되었다. 이 유배지에서 저술한 『자산어보』로 인해 널리 알려지게 된 그는 그의 동생인 정약용과 함께 실학파의 대표적인 학자로서 자연과학과 실용 학문에 많은 관심을 기울였다.

『자산어보』는 흑산도의 별칭인 '자산'에서 이름을 따온 것으로, 정약전이 이곳에서 유배하는 기간 동안 서해와 남해에 서식하는 수많은 해양생물을 관찰하고 기록한 우리나라 최초의 어류학 저서이다. 그는 이 책에서 해양생물을 어류, 무인류, 개류, 잡류로 분류하였다. 여기서 어류는 비늘 있는 물고기, 무인류는 비늘 없는 물고기와 포유류, 개류는 껍데기가 있는 종류, 잡류는 기타 해조류와 연체동물 등을 지칭한다.

정약전은 각 생물의 이름, 형태적 특징, 생태와 습성뿐 아니라 맛, 효능, 조리법, 잡는 방법까지 상세히 기록하였다. 특히 그는 직접 관찰한 내용을 중시하였기 때문에, 그 내용이 기존 중국 문헌의 내용과 충돌할 경우 자신의 관찰 결과를 우선하였다. 예를 들어 중국 문헌에서는 전복을 패류로 분류했지만, 정약전은 전복이 움직인다는 사실을 직접 관찰한 후 이를 근거로 전복을 개류로 분류하였다.

또한 『자산어보』에는 당시 흑산도 주민들의 경험과 지식이 반영되어 있다. 정약전은 어부들과의 대화를 통해 현지인들의 경험적 지식을 수집하고, 이를 자신의 관찰 내용과 결합하여 체계적으로 정리하였다. 이처럼 『자산어보』는 단순한 생물 분류서가 아니라, 당시 조선의 지역 지식을 집대성한 실용적 백과사전의 성격을 지니고 있다.

또한 정약전은 『자산어보』를 집필하는 과정에서 이전까지 이름조차 없었던 생물들에 새로운 명칭을 직접 붙여 기록하기도 하였다. 『자산어보』의 초고는 1814년에 완성되었으며, 이 저서는 조선 후기 실학의 정신을 잘 보여주는 대표적인 서적으로, 오늘날에는 한국 해양생물학의 고전으로 평가받고 있다.

① 『자산어보』는 정약전이 유배된 지역의 해양생물에 대해 기록한 최초의 한글 어류도감이다.
② 정약전은 『자산어보』에서 해양생물을 네 가지 범주로 분류하였다.
③ 『자산어보』는 정약전이 관찰한 남해와 동해에 서식하는 해양생물을 기록한 책이다.
④ 정약전은 중국 문헌의 분류체계를 그대로 적용하여 전복을 패류로 분류하였다.
⑤ 정약전은 『자산어보』에 기존에 이름이 알려진 생물만을 기록했다.

3. 다음 글에서 알 수 있는 것은?

언어학자 소쉬르는 언어를 랑그(langue)와 파롤(parole)로 구분하여 접근했다. 랑그는 언어 공동체 구성원들이 공유하는 추상적인 언어 체계를, 파롤은 개인이 실제 발화하는 구체적 언어 행위를 의미한다. 소쉬르는 언어학의 진정한 연구 대상은 개별적이고 우연적인 파롤이 아니라 체계적이고 사회적인 랑그라고 주장했다.

소쉬르의 언어학에서 또 다른 핵심 개념은 언어 기호의 자의성이다. 언어 기호는 기표와 기의의 결합으로 이루어지는데, 기표는 소리나 문자와 같은 물리적 형태를, 기의는 그것이 지시하는 개념을 말한다. 예컨대 '나무'라는 기표와 우리가 떠올리는 나무의 개념인 기의 사이에는 필연적 연관성이 없다. 한국어로는 '나무', 영어로는 'tree', 독일어로는 'Baum'이라고 부르는 것처럼 기표와 기의의 관계는 자의적이며 사회적 약속에 의해 성립된다.

소쉬르의 이론에 대해 언어학자 야콥슨, 벤베니스트, 촘스키는 비판적 검토와 재해석을 통해 자신의 이론을 발전시켰다. 야콥슨은 소쉬르의 언어 기호 자의성 이론에 반론을 제기하였다. 그는 언어 기호 중에는 의성어나 의태어처럼 소리와 의미 사이에 유사성이 존재하는 도상적 기호가 있다고 주장했다. 예를 들어, '쿵'이라는 소리는 무거운 물체가 떨어지는 소리를 모방한 것으로, 완전히 자의적이라고 볼 수 없다는 것이다.

한편, 벤베니스트는 소쉬르의 기표와 기의 개념을 수용하면서도, 언어 기호의 자의성을 다르게 해석했다. 그는 기표와 기의 사이의 관계가 특정 언어 체계 내에서는 필연적이라고 주장했다. 즉, 언어 공동체 구성원들에게 이 관계는 선택의 여지가 없고 자의성은 오직 언어 체계 바깥에서 관찰할 때만 존재한다는 것이다. 이 관점은 언어 기호가 언어 체계 내에서 갖는 위치와 기능을 강조하여 언어의 사회적 성격을 더욱 부각시켰다.

촘스키는 소쉬르와는 다른 접근법을 제시했다. 그는 외적으로 관찰 가능한 언어 수행과 내재적인 언어 능력을 구분했는데, 이는 소쉬르의 파롤과 랑그 구분과 유사해 보이지만 중요한 차이가 있다. 소쉬르의 랑그가 사회적이고 집단적인 체계라면, 촘스키의 언어 능력은 개인의 심리적·인지적 능력을 강조한다. 촘스키는 인간이 보편 문법을 타고난다는 생득주의 관점에서 모든 인간 언어에 공통적으로 적용되는 보편적 원리를 찾고자 했다.

① 벤베니스트는 언어 기호의 자의성이 언어 체계 내부에서 더 강하게 나타난다고 주장했다.
② 촘스키에 따르면 랑그와 파롤의 구분은 모호하며 랑그와 파롤은 추상적 개념이다.
③ 촘스키와 벤베니스트는 모두 언어의 사회적 특성보다 개인적 특성을 더 중시했다.
④ 야콥슨은 모든 언어 기호가 소리와 의미 사이에 필연적 연관성을 갖는다고 주장했다.
⑤ 소쉬르에 따르면 단어의 문자와 의미 사이의 관계는 임의적이다.

4. 다음 글에서 알 수 있는 것은?

불교는 약 2,500년 전 인도에서 시작된 종교이자 철학으로 고타마 싯다르타의 가르침에서 비롯되었다. 불교의 핵심 가르침은 사성제(四聖諦)와 팔정도(八正道)로 요약될 수 있다. 사성제는 고, 집, 멸, 도의 네 가지 진리를 말하는데, 고성제는 인간의 삶에 고통이 존재한다는 진리를, 집성제는 그 고통이 갈애※와 무지에서 비롯된다는 진리를, 멸성제는 갈애를 소멸함으로써 고통에서 벗어날 수 있다는 진리를, 도성제는 이를 위한 구체적인 실천 방법이 팔정도라는 진리를 의미한다. 팔정도는 불교에서 가장 중요한 수행 방법 중 하나로 부처님이 설한 '고통에서 벗어나는 여덟 가지 올바른 길'을 뜻한다.

불교는 연기설을 기반으로 한다. 연기란 모든 현상이 서로 인과관계로 연결되어 있어 독립적으로 존재하는 것이 없다는 사상이다. 이러한 관점에서 불교는 영원불변하는 실체로서의 '자아'나 '영혼'의 존재를 부정하는 무아설을 주장한다. 무아설에 따르면 '나'라고 생각하는 것은 오온(五蘊)이 일시적으로 결합한 복합체에 불과하다. 오온은 인간을 구성하는 색, 수, 상, 행, 식이라는 다섯 가지 요소를 의미하는데, 색온은 우리의 육체와 모든 물질적 형태를, 수온은 즐거움·고통과 같은 모든 감각적 경험을, 상온은 외부 대상을 식별하고 개념화하는 지각 작용을, 행온은 생각·의도·습관 등 마음의 의지적 작용을, 식온은 대상을 인식하고 분별하는 의식 작용을 가리킨다.

불교는 인도를 넘어 점차 아시아 전역으로 전파되었으며, 이 과정에서 크게 세 갈래의 전통으로 발전했다. 첫째는 테라바다 불교로, 주로 스리랑카, 미얀마, 태국 등 동남아시아 지역에 전파되었다. 두 번째는 대승불교로, 한국, 일본, 중국 등 동아시아에 전파되었다. 세 번째는 밀교로, 주로 티베트, 몽골, 네팔 등 히말라야 지역에 전파되었다.

한편, 한국 불교는 통불교적 성격을 가지고 있다. 이는 여러 종파의 교리를 배타적으로 구분하지 않고 포용하는 경향을 말한다. 특히 조계종을 중심으로 한 한국 불교는 수행법인 선(禪)과 교리 체계인 교(教)를 조화시키는 선교겸수의 전통을 발전시켰다. 또한 한국 불교는 대승불교의 전통 안에서 화엄사상과 유식사상을 받아들였으며, 이를 통해 일체중생의 불성을 강조하고 중생구제를 위한 보살행을 중시했다.

※ 갈애: 색욕, 재물욕, 음식욕, 명예욕, 수면욕의 다섯 가지 욕망에 애착함.

① 불교의 무아설에 따르면 '나'는 영원불변하는 실체로 존재한다.
② 한국 불교는 선과 교를 각자 독립적인 체계로 발전시켰다.
③ 불교에서는 팔정도를 통해 고통에서 벗어날 수 있다고 보았다.
④ 행온은 외부 세계를 인식하고 분별하는 의식 작용으로, 감각적 경험을 체계화한다.
⑤ 티베트와 네팔에 전파된 불교는 테라바다 불교이다.

5. 다음 글에서 알 수 없는 것은?

우리나라 방언은 지역에 따라 뚜렷한 언어적 특색을 보이며, 크게 서울·경기·충청 지역의 중부방언, 평안도 지역의 서북방언, 함경도 지역의 동북방언, 전라도 지역의 서남방언, 경상도 지역의 동남방언, 제주도의 제주방언 등 여섯 권역으로 구분된다. 다만 일부 학자들은 강원도 지역의 영동방언을 별도로 분류하거나, 중부방언을 경기방언과 충청방언으로 세분화하기도 한다.

방언 간 차이는 주로 음운, 어휘, 문법적 특성에서 두드러진다. 음운면에서 서남방언은 억양이 풍부하며, 길고 짧음의 구별이 뚜렷하다. 동남방언은 음절 안에서 나타나는 소리의 높낮이인 성조가 의미 구별 기능을 하는 유일한 방언이다. '말'이라는 단어가 성조에 따라 '말(馬)'과 '말(言)'로 구분되는 것처럼 같은 단어라도 성조에 따라 다른 의미를 갖게 된다. 제주방언은 다른 방언에 비해 음운체계가 독특하여 육지 사람들이 이해하기 어려울 정도로 차이가 크다.

어휘적 측면에서는 같은 대상이라도 지역에 따라 다양한 명칭이 사용된다. 예를 들어, 옥수수를 중부방언에서는 '옥수수', 서남방언에서는 '강냉이', 동남방언에서는 '옥쑤시', 제주방언에서는 '옥시기'라고 부른다. 감자는 중부방언에서는 '감자', 서남방언에서는 '지슬', 동남방언에서는 '감자/고구마', 제주방언에서는 '지'라고 한다. 이러한 어휘적 차이는 지역 간 문화적 교류와 역사적 배경을 반영하는 중요한 자료가 된다.

문법적 특성에서도 방언 간 차이가 뚜렷하다. 서남방언은 '-랑께', '-당께', '-여', '-잉'과 같은 특유의 종결어미를 사용하며, 동남방언은 '-소', '-나', '-ㄴ(는)다' 등과 같은 종결어미가 특징적이다. 제주방언은 다른 방언과 구별되는 고유한 문법 체계를 갖추고 있어 '수다', '-우다'와 같은 종결어미와 복잡한 상대높임법 체계를 보유하고 있다. 이처럼 방언의 종결어미는 해당 지역의 언어적 정체성을 나타내는 중요한 요소이다.

방언의 보존 상태는 지역별로 상이하나, 도시화와 매스미디어의 영향으로 전반적으로 표준어화가 진행되고 있다. 최근 국립국어원과 지방자치단체들은 소멸 위기에 처한 방언을 보존하기 위한 다양한 조사와 기록 사업을 진행하고 있으며, 이를 통해 한국어의 다양성과 문화적 가치를 지켜나가려는 노력이 이어지고 있다.

① 제주도는 다른 지역의 방언과는 차별화된 문법 체계를 가지고 있다.
② 경상도 지역의 방언은 소리의 높낮이에 따라 단어의 의미 차이가 발생한다.
③ 중부방언을 2개의 권역으로 나누어 분류할 수 있다고 보는 학자들이 있다.
④ 전라도에서는 옥수수를 '강냉이', 감자를 '지'라고 일컫는다.
⑤ 도시화 현상과 대중매체의 영향력으로 인해 전국적으로 표준어 사용이 확산되는 추세를 보이고 있다.

6. 다음 글에서 알 수 있는 것은?

종 다양성을 측정하는 방법은 생태계 연구에 있어서 매우 중요하다. 생태학자들은 다양한 방법으로 종 다양성을 정량화하기 위한 지수들을 개발해왔다. 가장 기본적인 종 다양성 측정 방법은 종 풍부도로, 이는 특정 지역이나 군집 내에 존재하는 생물종의 총 개수를 의미한다. 종 풍부도는 계산이 간단하고 직관적이어서 널리 사용되지만, 각 종의 상대적 개체 수나 분포의 균등성을 반영하지 못한다는 한계가 있다. 예를 들어, 두 군집에 모두 10종의 생물이 있다고 가정할 때, 한 군집에서는 한 종이 전체 개체 수의 90%를 차지하고 나머지 9종이 10%를 차지하는 반면, 다른 군집에서는 10종이 모두 균등하게 분포한다면, 종 풍부도만으로는 이 두 군집의 다양성 차이를 구별할 수 없다.

이러한 한계를 보완하기 위해 섀논 지수가 개발되었다. 섀논 지수는 군집 내 각 종의 비율에 자연로그를 취한 값을 가중 평균하여 계산한다. 이 지수는 종 풍부도와 균등도를 동시에 반영한다. 섀논 지수 값이 높을수록 군집 내 종의 수가 많고 개체들이 균등하게 분포되어 있다는 것을 의미한다.

섀논 지수 외에도 널리 사용되는 또 다른 지표로 심슨 지수가 있다. 심슨 지수는 군집 내에서 무작위로 선택한 두 개체가 같은 종에 속할 확률을 계산하는 방식으로, 주로 우점종에 의한 영향을 강조하는 특징이 있다. 특정 종의 개체 수가 매우 많아 군집을 지배할 경우, 심슨 지수 값이 높아지므로 다양성이 낮다고 해석한다.

섀논 지수와 심슨 지수는 각각 서로 다른 특성을 가지고 있어, 연구 목적에 따라 적합한 지수를 선택하는 것이 중요하다. 섀논 지수는 전체 종의 풍부도와 균일성을 고려하는 반면, 심슨 지수는 우점종의 변화에 더 민감하게 반응한다. 예를 들어, 환경 변화에 따른 군집 구조의 변화를 모니터링할 때, 우점종의 변화를 중점적으로 관찰하려면 심슨 지수가 유용할 수 있고, 희귀종을 포함한 전체 군집의 다양성 변화를 파악하려면 섀논 지수가 더 적합할 수 있다.

종 다양성 측정을 통해 생태학자들은 서식지 파괴, 기후변화, 침입종 유입 등 인위적 교란이 생태계에 미치는 영향을 평가할 수 있다. 또한 보전 가치가 높은 지역을 선정하거나 생태계 복원 사업의 성공 여부를 판단하는 데도 이러한 다양성 지수들이 중요한 근거로 활용된다.

① 종 풍부도는 군집 내 생물종의 총 개수와 각 종의 상대적 분포를 모두 반영한다.
② 심슨 지수는 군집 내에서 무작위로 선택한 두 개체가 서로 다른 종에 속할 확률을 계산한다.
③ 섀논 지수는 군집 내 종의 수와 각 종의 상대적 분포 균형을 함께 고려하여 종 다양성을 정량화한다.
④ 우점종의 변화를 관찰하는 데는 심슨 지수보다 섀논 지수가 더 적합하다.
⑤ 종 풍부도만으로도 서로 다른 군집 간의 종 다양성의 차이를 효과적으로 구별해낼 수 있다.

7. 다음 글의 ㉠～㉤을 문맥에 맞게 수정한 것으로 가장 적절한 것은?

전통적으로 인간의 합리성은 공리처럼 받아들여져 왔으나, 20세기 후반부터 이러한 관점에 변화가 생겼다. 인지심리학자 카너먼과 트버스키는 인간의 판단과 의사결정 과정에 오류가 존재한다는 사실을 실험을 통해 입증했다. 이들의 연구는 인간이 정보를 처리할 때 ㉠복잡한 계산보다는 직관적인 지름길을 사용하는 경향이 있다는 것을 보여주었다.

이 직관적 지름길, 즉 휴리스틱(Heuristic)이란 복잡한 문제를 해결할 때 정확성 대신 경험과 직관에 기반한 단순화된 사고 방식이나 의사결정 방법을 말한다. 휴리스틱은 때로 정확한 판단으로 이어질 수 있지만, 특정 상황에서는 오류를 유발한다. 대표적인 예로 이용 가능성 휴리스틱이 있다. 이는 쉽게 떠올릴 수 있는 사례의 생생함이나 빈도에 기초하여 사건의 확률을 판단하는 것을 말한다. 예를 들어, 사람들은 언론에 자주 보도되는 비행기 사고를 자동차 사고보다 ㉡더 자주 발생하는 사건으로 인식하는 경향이 있다. 실제로는 자동차 사고가 비행기 사고보다 빈번하게 발생하지만, 비행기 사고는 큰 피해와 함께 언론의 집중 보도로 인해 더 쉽게 기억나기 때문이다.

또 다른 예로는 닻 내림 효과가 있다. 이는 첫 번째로 제시된 정보나 수치가 이후의 판단에 기준점으로 작용하는 현상이다. 예를 들어, 과거 뉴욕시 택시는 팁이 없었으나 승객들은 요금의 8～10%를 팁으로 지불하는 것이 관행이었다. 그러나 택시 신용카드 결제 시스템에 20%, 25%, 30% 중 하나를 택하는 팁 옵션이 도입되면서, ㉢승객들은 20%의 팁을 높은 금액으로 인식하기 시작했다. 이로 인해 뉴욕 택시 이용객들 사이에서는 요금의 20% 이상을 팁으로 지불하는 새로운 소비 습관이 형성되었다.

인간의 판단 오류 중에는 확증 편향도 있다. 이는 자신의 기존 신념이나 가설을 지지하는 정보만을 선택적으로 수집하고 해석하는 경향을 말한다. 사람들은 ㉣자신의 견해와 일치하는 정보를 쉽게 수용하고 상충되는 정보를 비판하거나 무시하는 경향이 있다. 이로 인해 잘못된 신념이 강화되고 올바른 판단이 방해받게 된다.

이처럼 인간의 판단과 의사결정 과정에는 다양한 인지적 편향이 존재한다. 그러나 이러한 편향을 인식하는 것만으로도 ㉤합리적인 판단 능력을 향상시킬 수 있다. 따라서 우리는 이러한 인지적 편향의 존재를 인식하여 중요한 결정을 내릴 때 보다 신중하고 체계적인 사고방식을 채택할 필요가 있다.

① ㉠을 "직관적인 지름길을 사용하지 않고 철저히 합리적으로 사고"로 고친다.
② ㉡을 "덜 위험한 사건으로 인식"으로 고친다.
③ ㉢을 "승객들은 20%의 팁을 낮은 금액으로 인식하기 시작했다"로 고친다.
④ ㉣을 "자신의 견해와 일치하는 정보는 비판적으로 평가하고 상충되는 정보는 쉽게 수용"으로 고친다.
⑤ ㉤을 "합리적인 판단 능력을 약화시킬 수 있다"로 고친다.

8. 다음 글의 (가)와 (나)에 들어갈 말을 짝지은 것으로 가장 적절한 것은?

불평등에 관한 연구들은 불평등이 사회적 신뢰와 연대감을 약화시킨다고 주장한다. 불평등이 심한 사회에서는 사회 구성원 간에 권리와 기회의 격차가 심화되고, 이로 인해 상호 이해가 감소하며 사회적 거리가 확대된다는 것이다. 이러한 맥락에서 경제적 불평등이 심화될수록 부유층과 빈곤층은 서로 다른 환경에서 생활하게 되고, 서로의 일상과 문제에 대한 공감대를 형성하기 어려워진다. 세계 여러 국가를 대상으로 한 연구에 따르면, 불평등 지수가 높은 국가일수록 사회 구성원들 간의 신뢰 수준이 낮게 나타난다. 이는 불평등이 심화됨에 따라 사회적 응집력이 저하되고, 사회 전체의 협력과 상호 지원 체계가 약화됨을 의미한다.

사회적 신뢰의 약화는 또 다른 사회적 문제를 초래한다. 인간은 본질적으로 자신이 속한 공동체와 유대감을 형성하고자 하는 욕구를 가지고 있다. 공동체 내에서 신뢰와 연대가 약화되면, 사람들은 자신과 비슷한 특성을 가진 집단과 (가). 이는 전체 사회의 갈등과 분열을 심화시키고, 사회적 문제 해결을 위한 집단적 노력을 저해한다. 사회학자들은 특히 불평등이 심한 사회일수록 사회적 문제에 대한 공동 대응 능력이 떨어지는 현상에 주목한다.

불평등이 사회에 미치는 또 다른 영향은 정치적 의사결정 과정에서 나타난다. 경제적 자원은 정치적 영향력으로 쉽게 전환될 수 있어, 경제력의 불평등은 정치적 불평등으로 이어진다. 부유층은 자신들의 이익을 보호하는 정책을 지지하는 정치인들에게 더 많은 기부를 하고, 다양한 로비 활동을 통해 정책 결정 과정에 영향을 미친다. 반면, 경제적으로 취약한 계층은 정치적 의사 표현의 기회와 수단이 제한적이다. 이러한 정치적 대표성의 불균형은 (나). 이는 민주주의의 기본 원칙인 '1인 1표'의 평등한 가치를 실질적으로 훼손하는 결과를 가져온다. 이처럼 불평등은 단순히 소득이나 자산의 차이를 넘어 사회 전반에 광범위한 영향을 미친다.

① (가): 더욱 단결하여 배타적 정체성을 강화하게 된다
　(나): 사회 전체의 이익보다 특정 계층의 이익이 우선시되는 정책 편향을 초래한다
② (가): 더욱 단결하여 배타적 정체성을 강화하게 된다
　(나): 취약 계층을 자극해 사회 구성원 간의 경쟁을 촉진하게 만든다.
③ (가): 더욱 단결하여 배타적 정체성을 강화하게 된다
　(나): 오히려 취약계층의 정치적 참여를 자극하여 더 적극적인 사회운동을 촉진한다
④ (가): 사회 규범과 제도를 공유하고 다른 집단으로 전파한다
　(나): 사회 전체의 이익보다 특정 계층의 이익이 우선시되는 정책 편향을 초래한다
⑤ (가): 사회 규범과 제도를 공유하고 다른 집단으로 전파한다
　(나): 오히려 취약계층의 정치적 참여를 자극하여 더 적극적인 사회운동을 촉진한다

9. 다음 글의 빈칸에 들어갈 말로 가장 적절한 것은?

현대 논리학에서는 복잡한 논증이 실제 의사결정 과정과 어떻게 교차하는지에 대한 정밀한 분석이 이루어지고 있다. 수학적 논증처럼 명제와 결론 사이에 일대일 대응이 명확한 경우에는 논리적 타당성이 상대적으로 쉽게 검증된다. 그러나 현실 세계의 논증은 단일한 명제의 조합으로 환원되지 않으며, 각 전제는 상황적 맥락, 언어적 모호성, 함의된 정보 등에 의해 영향을 받는다. 이 때문에 논리적 타당성만으로 실제 논증의 신뢰성과 설득력을 충분히 보장하기 어렵다. 예를 들어 법률 논증에서는 전제들의 의미가 관습, 사회적 규범, 혹은 판례와 결부돼 결론의 결속력이 크게 달라지며, 과학적 논증에서는 사용된 용어의 정밀성과 전제의 경험적 타당성까지 면밀히 따져야 한다.

특히 자연언어로 이루어진 논증에서는 일부 전제가 암묵적으로 전제되거나 서로의 해석에 따라 유동적으로 변할 수 있으므로 동일한 명제 구조여도 서로 상이한 결론이 유도될 수 있다. 이러한 논의에서 논리학자들은 구조적 유효성뿐 아니라 의미론적 일관성과 해석의 다양성까지 함께 고려해야 함을 강조한다. 더불어 실제 상황에서 논증의 신뢰성을 평가하려면 분석 대상이 되는 논증이 맥락에 따라 갖는 다층적 의미, 함축된 전제, 그리고 결론으로 이끄는 다양한 추론 경로를 포괄적으로 검토해야 한다.

따라서 오늘날의 논리 분석은 단순히 명제 간의 형식적 연결에 머무르지 않고, [　　　]에 기초하여 전제와 결론이 맺는 구조적·의미론적 상호작용, 그리고 이를 매개하는 복합적인 해석의 층위를 종합적으로 분석할 것을 요구한다. 이러한 접근은 과학적 이론 검증, 법률적 판단, 그리고 고도화된 인공지능 시스템 설계 등 다양한 분야에서 필수불가결한 분석 방법론으로 자리 잡고 있다.

① 논리적 타당성의 기계적 판별을 통한 명제 해석
② 전통적 동어반복에 의한 결론 도출 메커니즘
③ 동일한 명제 패턴에 기초한 구조적 반복성
④ 형식 논리 체계 내에서만 적용되는 추상적 추론
⑤ 전제와 결론의 연관성이 발현되는 실제적 맥락과 의미론적 일관성

10. 다음 글의 ㉠～㉣에 대한 분석으로 적절한 것만을 <보기>에서 모두 고르면?

윤리학자 갑은 인공지능(AI) 시스템의 결정에 관한 책임성 문제에 대해 다음과 같이 논증한다.

㉠AI 시스템은 복잡한 결정을 내릴 때 설명 불가능성 문제를 갖고 있다. 설명 불가능성 문제란 인간이 AI의 의사과정을 완전히 설명할 수 없는 문제를 말한다. AI의 학습 알고리즘은 너무 복잡하여 개발자조차도 특정 결정이 어떻게 도출되었는지 명확히 설명하기 어렵다. ㉡설명할 수 없는 AI의 결정은 책임 소재를 명확히 할 수 없고 윤리적 문제를 발생시킨다. 예를 들어, AI가 신용 평가나 의료 진단에서 잘못된 판단을 내렸을 때 그 책임을 누구에게 물을 것인가?

㉢책임 소재가 불분명한 AI 시스템은 중요한 의사결정에 사용되어서는 안 된다. 만약 어떤 의사결정이 인간의 삶에 중대한 영향을 미친다면, 그 결정 과정은 반드시 설명 가능해야 한다. 이것이 바로 설명 가능한 AI를 개발해야 하는 근본적인 이유이다. ㉣설명 불가능한 AI 결정은 책임성을 확보할 수 없다. 따라서 해당 결정에 영향을 받는 사람들의 권리를 침해한다.

<보 기>

ㄱ. ㉠의 부정으로부터 ㉣의 부정이 도출된다.
ㄴ. ㉠과 ㉡으로부터 "AI 시스템은 복잡한 결정을 내릴 때 윤리적 문제를 발생시킨다."는 것이 도출된다.
ㄷ. ㉡과 ㉢으로부터 "윤리적 문제를 발생시키는 AI 시스템은 중요한 의사결정에 사용되어서는 안 된다."는 것이 도출된다.

① ㄱ
② ㄴ
③ ㄱ, ㄷ
④ ㄴ, ㄷ
⑤ ㄱ, ㄴ, ㄷ

11. 다음 글의 ㉠을 이끌어내기 위해 추가해야 할 전제로 가장 적절한 것은?

> 모든 인간은 논리적 사고를 통해 참된 지식을 추구한다. 역사적으로 많은 철학자들은 인간이 확실한 지식에 도달할 수 있는지에 대해 의문을 제기해왔다. 나는 ㉠절대적으로 확실한 지식은 논리학과 수학에서만 가능하다는 점을 논증하고자 한다.
>
> 우선, 지식을 그 근원에 따라 구분해보자. 지식은 그 획득 방법에 따라 경험적 지식 또는 선험적 지식으로 나뉜다. 경험적 지식은 감각 경험을 통해 얻어지는 지식이다. 예를 들어 "이 책상은 갈색이다"라는 지식은 시각적 경험에 기반한다. 이와 달리 선험적 지식은 경험에 의존하지 않고 순수 이성을 통해 얻어지는 지식이다. 확실성의 측면에서 경험적 지식은 근본적 한계를 지닌다. 만약 어떤 지식이 감각 경험을 통해 얻어진다면, 그 지식은 오류 가능성이 존재한다. 왜냐하면 우리의 감각은 항상 착각이나 환영에 빠질 가능성이 있기 때문이다. 반면 절대적으로 확실한 지식은 오류 가능성이 존재하지 않는다. 한편 선험적 지식에는 논리학, 수학, 형이상학 등과 같은 것들이 포함된다. 그렇지만 모든 선험적 지식이 확실한 것은 아니다. 형이상학적 명제들은 선험적이지만, 서로 모순되는 형이상학적 체계들이 존재한다는 사실은 이 영역에서도 확실성이 보장되지 않음을 보여준다.
>
> 그렇다면 어떤 영역의 지식이 절대적 확실성을 가질 수 있는가? 논리학의 명제들은 모순율과 같은 사고의 기본 원리에 기초하며, 수학의 명제들은 증명이라는 엄격한 과정을 통해 검증된다. 이 두 영역의 지식은 자명한 공리로부터 연역적 추론을 통해 도출되므로, 공리가 참이고 추론 과정이 타당하다면 결론의 진리성은 보장된다.

① 선험적 지식 중 형이상학을 제외한 나머지는 모두 논리학 또는 수학뿐이다.
② 경험에 의존하지 않는 지식만이 오류 가능성을 완전히 배제할 수 있다.
③ 수학과 논리학의 모든 명제는 자명한 공리로부터 도출된다.
④ 공리의 진리성이 보장된다면 연역적 추론의 결론은 항상 참이다.
⑤ 엄격한 증명 과정을 거친 지식만이 절대적으로 확실한 지식이다.

12. 다음 글의 내용이 참일 때 반드시 참인 것은?

> A여행사에서는 태국, 일본, 중국, 대만, 싱가포르, 베트남 여섯 개 국가에 대한 여름 특별 할인 패키지를 준비하고 있다. 마케팅 부서는 다음 조건을 고려하여 프로모션을 진행하려고 한다.
>
> ○ 태국이 할인 대상이면 일본과 중국 모두 할인 대상이 아니다.
> ○ 중국이 할인 대상이 아니면 대만은 할인 대상이다.
> ○ 베트남과 싱가포르 중 적어도 한 국가가 할인 대상이면 태국도 할인 대상이다.

① 일본이 할인 대상이 아니면 태국도 할인 대상이 아니다.
② 일본이 할인 대상이고 중국이 할인 대상이 아니면 태국도 할인 대상이다.
③ 베트남이 할인 대상이면 대만과 싱가포르 모두 할인 대상이다.
④ 싱가포르가 할인 대상이면 대만도 할인 대상이다.
⑤ 베트남이 할인 대상이면 일본도 할인 대상이다.

13. 다음 글의 내용이 참일 때 반드시 참인 것은?

가영, 나영, 다영, 라영, 마영은 문화센터에서 각각 다른 운동 강좌를 선택하여 수강했다. 운동의 종류는 농구, 축구, 배드민턴, 테니스, 수영이다. 이들이 수강했던 운동과 관련된 설명은 다음과 같다. 다섯 개의 설명 중 하나의 설명만 거짓이고 나머지는 모두 참이다.

○ 가영은 수영을 수강하지 않았다.
○ 나영은 축구를 수강했고, 라영은 농구를 수강했다.
○ 다영은 배드민턴을 수강했거나, 마영은 테니스를 수강했다.
○ 가영은 농구를 수강하지 않았고, 마영은 배드민턴을 수강했다.
○ 라영은 농구를 수강하지 않았거나, 가영은 테니스를 수강했다.

① 가영은 테니스를 수강했다.
② 나영은 수영을 수강했다.
③ 다영은 농구를 수강했다.
④ 라영은 축구를 수강했다.
⑤ 마영은 배드민턴을 수강했다.

14. 다음 글의 빈칸에 들어갈 말로 적절한 것은?

최 이사는 기술혁신팀 회의에서 신규 플랫폼 개발 프로젝트에 관한 정보를 검토하고 있었다. 이때 백 팀장이 다음과 같은 정보를 보고하였다.

"인공지능 모듈을 도입하면서 동시에 클라우드 기반 구축을 한다면, 반드시 추가 보안 프로토콜을 적용해야 합니다. 그런데 추가 보안 프로토콜 적용, 빅데이터 분석 도구 비도입, 외부 API 미연동 중 적어도 두 가지는 반드시 일어날 것입니다. 인공지능 모듈은 도입하나 빅데이터 분석 도구를 도입하지 않으면 반드시 오픈소스 프레임워크를 활용해야 합니다. 또한 클라우드 기반 구축을 할 경우에는 외부 API 연동이 항상 함께 진행됩니다. 만약 오픈소스 프레임워크를 활용하는 경우,마이크로서비스 아키텍처를 적용하면 빅데이터 분석 도구를 도입할 수 없습니다. 어제 기술 검토 회의에서 결정된 바로는, 추가 보안 프로토콜은 적용하지 않기로 했고, 마이크로서비스 아키텍처는 반드시 적용하기로 했습니다."

이 정보를 검토한 최 이사는 고개를 저으며 말했다. "백 팀장님, 제가 방금 최고기술자와 통화했는데, (   ). 그렇다면, 지금 보고하신 정보는 내적으로 일관성이 없어 모두 참일 수는 없습니다. 어디가 잘못되었는지 다시 확인해주시기 바랍니다."

① 인공지능 모듈은 도입되지 않습니다
② 외부 API 연동은 진행되지 않거나 빅데이터 분석 도구가 도입되지 않습니다
③ 인공지능 모듈을 도입하지 않거나 오픈소스 프레임워크를 활용합니다
④ 빅데이터 분석 도구가 도입되면, 마이크로서비스 아키텍처가 적용되거나 클라우드 기반 구축을 하지 않습니다
⑤ 클라우드 기반 구축이 진행되지 않으면, 인공지능 모듈은 도입되고 오픈소스 프레임워크는 활용하지 않습니다

15. 다음 글에서 추론할 수 있는 것만을 <보기>에서 모두 고르면?

효소는 생체 내에서 화학반응을 촉진하는 단백질 촉매이다. 효소는 기질이라는 반응 대상 물질과 결합하여 작용하며, 이때 기질은 효소의 활성 부위라는 특정 영역에 결합한다. 효소와 기질이 결합하면 효소-기질 복합체가 형성되고, 이 복합체에서 기질이 생성물로 전환된 후 효소는 다시 분리되어 재사용된다. 효소의 활성 부위는 특정 기질의 구조에 맞게 형성되어 있어 특이성을 나타낸다.

효소의 활성은 억제제에 의해 조절될 수 있다. 경쟁적 억제제는 기질과 구조가 유사하여 효소의 활성 부위에 경쟁적으로 결합한다. 억제제가 활성 부위에 결합하면 기질이 결합할 수 없어 효소 반응이 일어나지 않는다. 중요한 점은 경쟁적 억제는 가역적이라는 것이다. 즉, 기질의 농도가 충분히 높아지면 기질이 억제제를 밀어내고 활성 부위에 결합할 수 있다. 경쟁적 억제제의 억제 효과는 기질과 억제제의 농도 비율에 따라 결정된다.

이와 달리 비경쟁적 억제제는 효소의 활성 부위가 아닌 알로스테릭 부위에 결합한다. 비경쟁적 억제제가 알로스테릭 부위에 결합하면 효소의 입체 구조가 변화하여 활성 부위의 모양이 바뀌게 된다. 이렇게 변형된 활성 부위에는 기질이 제대로 결합할 수 없어 효소 활성이 감소한다. 비경쟁적 억제에서는 기질 농도를 아무리 높여도 억제 효과를 극복할 수 없다. 이는 억제제와 기질이 서로 다른 부위에 결합하여 직접적인 경쟁이 일어나지 않기 때문이다.

이러한 효소 억제 현상은 생체 내에서 대사 경로를 조절하는 중요한 메커니즘으로 작용하며 생체가 항상성을 유지하는 데 필수적이다.

<보 기>

ㄱ. 경쟁적 억제제의 농도를 일정하게 유지한 상태에서 기질 농도만 계속 증가시키면 효소 활성이 점진적으로 회복될 것이다.

ㄴ. 비경쟁적 억제제가 작용하는 효소에 정상 기질과 동일한 구조의 물질을 대량 투입해도 효소 활성은 회복되지 않을 것이다.

ㄷ. 효소의 활성 부위 구조를 인위적으로 변화시킨 경우, 원래 기질이 해당 효소에 결합하는 능력이 감소할 것이다.

① ㄱ
② ㄴ
③ ㄱ, ㄷ
④ ㄴ, ㄷ
⑤ ㄱ, ㄴ, ㄷ

16. 다음 글에서 추론할 수 있는 것은?

혈압은 심장이 혈액을 혈관으로 밀어낼 때 혈관벽에 가해지는 압력을 의미한다. 정상 혈압은 수축기 혈압 120mmHg, 이완기 혈압 80mmHg 정도이며, 수축기 혈압 140mmHg 이상 또는 이완기 혈압 90mmHg 이상일 때는 고혈압으로, 수축기 혈압이 90mmHg 미만이고 이완기 혈압이 60mmHg 미만일 때는 저혈압으로 진단한다.

고혈압의 원인 중 하나는 교감신경계의 과도한 활성화이다. 교감신경이 자극되면 노르에피네프린이라는 신경전달물질이 대량 분비된다. 노르에피네프린은 심장의 수축력을 증가시켜 심박출량을 늘리고, 동시에 혈관 평활근을 수축시켜 혈관 저항을 높인다. 이 두 작용이 결합하여 혈압이 상승한다. 또한 레닌-안지오텐신-알도스테론 시스템도 혈압 상승에 관여한다. 혈압이 낮아지거나 체내 나트륨이 부족하면 신장에서 레닌이 분비되고, 이것이 안지오텐신 II를 생성하여 혈관을 수축시키며 부신에서 알도스테론 분비를 촉진한다. 알도스테론은 신장에서 나트륨과 수분의 재흡수를 촉진해 혈액량을 증가시켜 혈압을 높인다.

저혈압은 주로 교감신경계의 기능 저하로 발생한다. 교감신경-부교감신경 균형의 이상으로 심박수가 감소하고 심장의 수축력이 약해지면 심박출량이 줄어들어 혈압이 낮아진다. 또한 혈관 확장 인자인 산화질소의 과분비도 저혈압을 유발할 수 있다. 산화질소는 혈관 내피세포에서 분비되어 혈관 평활근을 이완시키는 역할을 하는데, 과하게 분비되면 혈관 저항이 지나치게 감소하여 혈압이 떨어진다.

저혈압은 특정 상황에서 일시적으로도 발생하는데, 그중 기립성 저혈압은 누워있거나 앉아있다가 갑자기 일어설 때 나타나는 현상이다. 체위 변화 시, 정상 상태라면 우리 몸은 압력 수용체를 통해 혈압 변화를 감지하고 교감신경을 활성화시킴으로써 혈관을 수축시키고 심박수를 조절하여 혈압을 유지한다. 만약 이 과정에서 이상이 생기면 중력에 의해 하체로 몰린 혈액이 심장으로 충분히 돌아오지 못해 심박출량이 급격히 감소하고, 뇌로 가는 혈류량이 줄어들어 기립성 저혈압이 발생한다.

혈압 조절 장애는 다양한 합병증을 초래한다. 고혈압이 지속되면 혈관벽에 지속적인 압력이 가해져 혈관 내피가 손상되고 동맥경화가 진행된다. 이러한 혈관 변화는 심근경색이나 뇌졸중 같은 심혈관 질환의 위험을 높인다. 반대로 저혈압이 심하면 주요 장기로의 혈류 공급이 부족해져 장기 기능에 문제가 생길 수 있다.

① 고혈압 환자의 혈관 내피가 손상되면 압력수용체의 감지 능력도 함께 저하될 가능성이 있다.
② 이완기 혈압이 100mmHg인 사람은 혈관 확장 인자로 인한 혈압 장애를 겪을 것이다.
③ 땀을 많이 흘려 체내 나트륨 농도가 낮아지면 부신에서 분비된 레닌이 혈압을 상승시킬 것이다.
④ 압력 수용체에 이상이 생긴 사람은 누워있다가 갑작스럽게 기립할 시 머리까지 도달하는 혈액의 양이 줄어들 것이다.
⑤ 심근경색의 발병 기제에는 심박출량 증가로 인한 알도스테론의 영향이 관여한다.

17. 다음 글의 (가)와 (나)에 들어갈 말을 짝지은 것으로 가장 적절한 것은?

식물은 생존을 위해 중력 방향을 정확히 감지해야 한다. 뿌리는 중력 방향으로 자라 물과 영양분을 효율적으로 흡수하고, 줄기는 중력 반대 방향으로 자라 광합성을 위한 최적의 위치를 확보한다. 줄기가 위쪽, 뿌리가 아래쪽으로 자라는 성질인 중력굴성은 식물의 기본적인 생존 전략 중 하나로, 씨앗이 어떤 방향으로 떨어져도 올바른 성장 방향을 찾을 수 있게 해준다. 그러나 식물이 어떤 메커니즘으로 중력을 감지하는지에 대해서는 과학자들 간에 견해가 나뉘고 있다.

식물이 중력을 감지하는 메커니즘에 대해 두 가지 가설이 경쟁하고 있다. 가설 H1은 식물의 뿌리와 줄기 세포 내에 존재하는 전분 과립이 중력에 의해 세포 아래쪽으로 침강하면서 이를 통해 중력을 감지한다는 것이다. 반면 가설 H2는 식물 세포막이 중력에 의한 압력 변화를 직접 감지하여 중력 방향을 인식한다는 것이다.

이러한 두 가설을 검증하기 위해 연구팀은 옥수수 유묘※를 이용한 실험을 설계했다. 전분 과립의 침강을 방해하는 화학물질 X를 처리한 그룹과 처리하지 않은 그룹으로 나누어 중력 반응을 관찰했다. 모든 실험에서 옥수수 유묘의 초기 상태는 뿌리가 아래쪽, 줄기가 위쪽으로 놓인 상태였다.

<실 험>

실험 1: 화학물질 X를 처리하지 않은 옥수수 유묘를 90도 회전시켰을 때, 6시간 후 뿌리는 아래쪽으로, 줄기는 위쪽으로 굽어 자랐다.

실험 2: 화학물질 X를 처리한 옥수수 유묘를 90도 회전시켰을 때, 24시간이 지나도 뿌리와 줄기 모두 중력 방향과 관계없이 처음 방향으로 계속 자랐다.

실험 3: 화학물질 X를 처리하지 않고 세포막 압력 감지 능력을 인위적으로 억제시킨 옥수수 유묘를 90도 회전시켰을 때, 12시간 후 뿌리는 아래쪽으로, 줄기는 위쪽으로 굽어 자랐다.

이 실험 결과들을 종합하면, 실험 1과 2는 가설 H1을 [(가)], 실험 2와 3은 가설 H2를 [(나)].

※ 유묘: 어린 모종

	(가)	(나)
①	강화하고	강화한다
②	강화하고	약화한다
③	약화하지 않고	강화한다
④	약화하고	약화한다
⑤	약화하고	강화한다

18. 다음 글의 <실험 결과>에 대한 분석으로 적절한 것은?

지구의 대기권을 연구하는 방법 중 하나로 기상 관측용 라디오존데가 활용된다. 라디오존데는 기구에 매달려 상승하면서 고도별 대기 데이터를 수집하여 지상국으로 전송하는 장치이다. 라디오존데의 관측 한계는 두 가지 조건에 의해 결정된다. 하나는 신호 송신 한계로, 라디오존데가 지상국으로부터 너무 멀어지면 데이터 송신이 불가능해지는 것이다. 다른 하나는 기체 팽창 한계로, 라디오존데를 띄우는 기구 내부의 기체가 고도가 높아질수록 기압 감소로 인해 팽창하다가 결국 기구가 파열되어 관측이 중단되는 것이다.

지구 대기의 특성을 연구하는 과학자 갑은 라디오존데 Ⅰ과 라디오존데 Ⅱ를 개발했다. 두 라디오존데 중 라디오존데 Ⅰ은 헬륨으로 채워진 기구에, 라디오존데 Ⅱ는 수소로 채워진 기구에 매달려 있다.

갑은 라디오존데의 관측 한계를 확인하기 위해 다음과 같은 실험을 진행했다.

<실 험>

라디오존데 Ⅰ과 라디오존데 Ⅱ를 지역 A, B, C에서 각각 동일한 조건으로 발사했다. 지역 A는 지상국에서 가까운 평지, 지역 B는 지상국에서 먼 평지, 지역 C는 지상국에서 지역 A와 B 사이의 중간 거리에 위치한 고산지대이다. 각 라디오존데의 최대 관측 고도와 관측 한계 원인을 기록한 결과는 다음과 같다.

<실험 결과>

라디오존데 / 기준 / 지역	라디오존데 Ⅰ		라디오존데 Ⅱ	
	최대 관측 고도	관측 한계 원인	최대 관측 고도	관측 한계 원인
A	29km	기체 팽창 한계	35km	기체 팽창 한계
B	18km	신호 송신 한계	18km	신호 송신 한계
C	32km	기체 팽창 한계	37km	신호 송신 한계

① 수소로 채워진 기구와 헬륨으로 채워진 기구는 라디오존데 송신기의 성능에 관계없이 같은 고도에서 파열된다.
② 수소로 채워진 기구와 헬륨으로 채워진 기구는 고산지대에서 파열되는 고도가 동일하다.
③ 수소로 채워진 기구가 헬륨으로 채워진 기구보다 지상국으로부터 거리에 민감하다.
④ 수소로 채워진 기구는 헬륨으로 채워진 기구보다 더 높은 고도에서 파열된다.
⑤ 수소로 채워진 기구의 라디오존데 송신기가 헬륨으로 채워진 기구의 라디오존데 송신기보다 신호 전송 능력이 우수하다.

[19～20] **다음 글을 읽고 물음에 답하시오.**

기억이란 과거의 경험을 저장했다가 나중에 떠올리는 인간의 인지 능력이다. 기억 연구자들은 기억 과정을 부호화, 저장, 인출이라는 세 단계로 구분한다. 부호화는 감각 정보를 기억 체계에 저장할 수 있는 형태로 변환하는 과정이고, 저장은 부호화된 정보를 유지하는 과정이며, 인출은 저장된 정보를 의식적으로 회상하거나 재인하는 과정이다. 기억 연구에서는 기억의 오류, 특히 목격자 증언의 신뢰성에 관한 연구가 중요한 부분을 차지하고 있다.

목격자 증언이 얼마나 정확한지에 대해서는 두 가지 상반된 관점이 존재한다. 전통적 관점에 따르면 기억은 비디오 카메라와 같이 경험한 사건을 있는 그대로 기록하는 저장 장치로 간주된다. 이러한 시각에서는 목격자가 본 것을 그대로 보고할 것이며, 따라서 목격자 증언은 대체로 신뢰할 수 있다고 본다. 반면, ㉠구성주의적 관점에서는 기억이 단순히 정보를 저장하고 인출하는 수동적 과정이 아니라, (가) 과정이라고 본다. 이 관점에 따르면 기억은 실제로 일어난 사건과 완전히 일치하지 않을 수 있으며, 다양한 요인에 의해 왜곡될 가능성이 있다.

구성주의적 관점을 지지하는 심리학자들은 기억의 오류가 발생하는 주요 원인으로 사후 정보 효과를 지목한다. 이는 사건을 경험한 후에 접하게 되는 정보가 원래 사건에 대한 기억을 변형시킬 수 있다는 것이다. 예를 들어, 교통사고를 목격한 사람이 나중에 다른 목격자나 언론 보도를 통해 사고에 관한 추가 정보를 접하게 되면, 이 새로운 정보가 원래의 기억과 통합되어 사고에 대한 기억이 변형될 수 있다.

심리학자 엘리자베스 로프터스는 사후 정보 효과의 존재를 입증하기 위해 실험을 실시하였다. 실험에서 참가자들은 자동차 사고 영상을 본 후, 절반의 참가자들에게는 “자동차가 서로 부딪힐 때 얼마나 빨랐는가?”라는 질문을, 나머지 절반에게는 “자동차가 서로 충돌할 때 얼마나 빨랐는가?”라는 질문을 받았다. 이때 ‘충돌’이라는 단어가 포함된 질문을 받은 참가자들은 ‘부딪힘’이라는 단어를 들은 참가자들보다 자동차의 속도를 평균적으로 더 빠르게 추정했다. 또한, 일주일 후 참가자들에게 영상에서 깨진 유리가 있었는지 물었을 때, 실제로 영상에서 깨진 유리는 나오지 않았으나 ‘충돌’이라는 단어를 들은 참가자들이 ‘부딪힘’이라는 단어를 들은 참가자들보다 깨진 유리를 보았다고 응답한 비율이 더 높았다.

이러한 연구 결과는 기억이 단순히 과거 경험의 복사본이 아니라 다양한 정보와 해석이 혼합된 구성물임을 시사한다. 사후 정보는 원래 경험한 사건의 기억을 변형시킬 뿐만 아니라, 실제로는 존재하지 않았던 요소까지 기억에 삽입할 수도 있다. 이러한 현상은 (나). 이처럼 기억이 변형되기 쉬운 특성을 가지고 있다는 사실은 법정에서 목격자 증언에 과도하게 의존하는 것의 위험성을 보여준다.

19. 위 글의 (가)와 (나)에 들어갈 말을 짝지은 것으로 가장 적절한 것은?

① (가): 정보를 적극적으로 해석하고 재구성하는
(나): 기억의 각 단계에서 오류가 발생할 가능성이 있음을 보여준다

② (가): 개인의 주의력과 지능에 따라 다르게 형성되는
(나): 기억의 각 단계에서 오류가 발생할 가능성이 있음을 보여준다

③ (가): 정보를 적극적으로 해석하고 재구성하는
(나): 사람들이 자신의 경험을 과장하려는 심리적 경향을 반영한다

④ (가): 개인의 주의력과 지능에 따라 다르게 형성되는
(나): 기억이 재구성되는 과정에서 허구적 기억이 형성될 수 있음을 드러낸다

⑤ (가): 정보를 적극적으로 해석하고 재구성하는
(나): 기억이 재구성되는 과정에서 허구적 기억이 형성될 수 있음을 드러낸다

20. 위 글의 ㉠에 대한 평가로 적절한 것만을 <보기>에서 모두 고르면?

<보 기>

ㄱ. 사건의 목격자들 중 주의력이 높은 사람이 낮은 사람보다 사건의 세부 사항을 더 정확하게 기억하지만 전체적인 맥락은 덜 정확하게 기억한다는 연구 결과는 ㉠을 약화한다.

ㄴ. 여러 사람에게 동일한 사건을 목격하게 한 후 함께 논의하도록 했더니 개인별로 진술을 받은 경우보다 집단 내에서 합의된 기억이 형성되어 실제와 다른 세부사항에 대해 더 높은 일치도를 보였다는 연구 결과는 ㉠을 약화하지 않는다.

ㄷ. 범죄 현장에서 사람들이 무기나 위협적 요소에 주의를 집중하면서 범인의 얼굴이나 다른 세부 사항에 대한 기억이 부정확해지는 무기 집중 효과가 관찰되었다는 연구 결과는 ㉠을 강화한다.

① ㄱ
② ㄷ
③ ㄱ, ㄴ
④ ㄴ, ㄷ
⑤ ㄱ, ㄴ, ㄷ

21. 다음 대화의 ㉠으로 적절한 것만을 <보기>에서 모두 고르면?

갑: 최근 우리 시는 도심 내 노후화된 공공임대주택 문제 해결을 위한 재생사업을 추진하고 있습니다. 그러나 주민들의 반발로 사업 진행이 지연되고 있는데요, 이 문제를 해결하기 위한 방안에 대해 의견을 나눠보겠습니다.

을: 저는 주민 참여형 도시재생 모델이 필요하다고 생각합니다. 현재 우리 시의 공공임대주택 재생사업은 행정기관이 주도하는 하향식 의사결정으로 진행되고 있어 주민들의 실질적인 요구가 반영되지 못하고 있습니다. 주민협의체를 구성하여 계획 단계부터 주민들의 의견을 수렴하고 결정 과정에 참여시킨다면 반발을 줄일 수 있을 것입니다.

병: 저는 주민들의 반발이 경제적 부담에서 비롯된다고 생각합니다. 재생사업 후 임대료 상승이 불가피한데, 이는 저소득층 거주자들에게 큰 부담이 됩니다. 따라서 중앙정부와 지방정부가 협력하여 재정 지원을 확대하고, 임대료 상승폭을 제한하는 정책을 도입해야 합니다. 특히 취약계층에 대한 임대료 보조금 제도를 강화한다면 주민들의 경제적 부담을 완화할 수 있을 것입니다.

정: 두 분 모두 중요한 점을 지적하셨습니다만, 저는 정보 제공의 부족이 주요 원인이라고 봅니다. 많은 주민들이 재생사업의 필요성과 혜택에 대해 충분히 이해하지 못하고 있습니다. 공공임대주택의 구조적 안전 문제와 재생사업을 통한 주거환경 개선 효과에 대한 정확한 정보가 제공된다면, 주민들의 인식이 개선되고 반발도 줄어들 것입니다. 행정기관은 투명한 정보 공개와 함께 주민 대상 설명회를 확대해야 합니다.

갑: 모두 유익한 의견 감사합니다. 각 의견을 검증하기 위해 ㉠자료 조사를 해 주시기 바랍니다.

<보 기>

ㄱ. 을의 주장을 뒷받침하기 위해, 주민협의체 운영 여부에 따른 공공임대주택 재생사업 추진 성공률 및 주민 만족도를 조사한다.

ㄴ. 병의 주장을 뒷받침하기 위해, 재생사업 후 임대료 상승률과 저소득층 거주자 이탈률 간의 상관관계를 조사한다.

ㄷ. 정의 주장을 뒷받침하기 위해, 재생사업 설명회 참석 여부에 따른 주민들의 사업 찬성률 및 정보 제공 전후 인식 변화를 조사한다.

① ㄱ

② ㄴ

③ ㄱ, ㄷ

④ ㄴ, ㄷ

⑤ ㄱ, ㄴ, ㄷ

22. 다음 글에서 추론할 수 있는 것은?

A국은 행정서비스 혁신을 위해 '시민참여형 행정평가제도'를 운영하고 있다. 2025년 현재 시민참여형 행정평가제도의 유형과 운영에 관한 사항은 <표>와 같다.

<표> 시민참여형 행정평가제도 유형 및 운영 체계

구분 \ 유형	자문형	협업형	주도형
법적 지위	행정 조언 기구	민관 협력 기구	시민 주도 의사결정 기구
평가단 구성	일반 시민 위주	시민과 전문가 혼합	공개 선발 시민 대표
평가 방식	설문 중심 평가	현장조사 후 합의제	공청회와 종합심의
평가 영역	민원 서비스 중심	주요 정책사업 전반	정책 수립부터 집행까지

시민참여형 행정평가제도는 단계적으로 확대 적용되고 있다. 2014년부터 2018년까지는 첫 번째 단계인 자문형 평가제도 위주로 전국 27개 지방자치단체에서 시범 운영되었다. 2019년부터 2022년까지는 두 번째 단계인 협업형 평가제도가 추가되어 총 156개 지방자치단체로 확대되었다. 2023년부터 현재까지는 세 번째 단계인 주도형 평가제도까지 포함하여 전국 223개 지방자치단체에서 운영 중이다.

시민참여형 행정평가제도의 평가단은 다음과 같은 절차로 구성된다. 자문형과 협업형의 경우, 공개 모집을 통해 모집한 시민과 전문가를 심사를 거쳐 선발한 후 지방자치단체장이 위촉한다. 주도형의 경우, 공개 모집을 통해 모집한 시민과 전문가를 독립적인 기관에서 주관하는 공개 투표를 통해 선발한다. 평가단원의 임기는 모든 유형에서 1년이며, 2회에 한하여 연임할 수 있다.

시민참여형 행정평가제도의 권한과 책임은 유형별로 차이가 있다. 자문형은 행정기관의 서비스 개선을 위한 의견 제시에 중점을 두며, 협업형은 정책 집행과정 평가와 개선방안 도출을 공동으로 수행한다. 주도형은 가장 높은 수준의 평가 권한을 가지며, 평가 결과에 따른 정책 수정 및 예산 재배정을 요구할 수 있다.

2023년 3월부터 시민참여형 행정평가제도 관련 지침이 개정되어, 협업형과 주도형 평가제도는 온라인 평가 플랫폼을 구축하여 운영해야 하며, 월별로 평가 과정과 결과를 시민에게 공개해야 한다. 또한, 주도형 평가단원들은 분기별 의무적으로 정책평가 역량강화 교육을 이수해야 한다. 자문형 평가제도는 현재 여건상 해당 개정 지침의 적용 대상에서 제외되었다.

① 주도형 평가단원의 임기는 최대 4년까지 가능하다.

② 민관 협력 기구의 지위를 가진 평가제도는 2020년에 운영되지 않았다.

③ 협업형 평가제도와 주도형 평가제도의 평가단원은 모두 공개 투표로 선발되며 지방자치단체장이 위촉한다.

④ 자문형 평가제도는 다른 유형의 평가제도보다 높은 수준의 평가 권한을 가지고 있다.

⑤ 일반 시민 위주로 구성되는 평가제도는 2024년에 평가 결과를 온라인 플랫폼을 통해 공개할 의무가 없다.

23. 다음 글의 <표>에 대한 판단으로 적절한 것만을 <보기>에서 모두 고르면?

○○처는 시중에 유통되는 식품의 안전성을 보장하기 위해 '식품안전 인증제'를 운영하고 있다. 이 제도는 다음과 같이 운영된다.

매월 실시되는 검사에서는 위생관리 수준, 원료 품질, 보존성의 총 세 항목에 대해 평가가 이루어지며, 각 항목에 대해 'A', 'B', 'C' 중 하나의 판정을 받게 된다. 이를 바탕으로 해당 월의 안전수준이 결정되는데, 두 항목 이상에서 'C' 평가를 받거나, 한 항목에서 'C' 평가와 나머지 두 항목에서 'B' 평가를 받으면 해당 월은 '부적합' 판정을 받는다. 세 항목 모두 'B' 평가 이상이면서 최소 두 항목에서 'A' 평가를 받으면 '최우수' 판정이 부여되며, 그 외의 경우는 '적합' 판정이 부여된다.

분기별 인증은 해당 분기 동안의 월별 안전수준을 종합하여 부여된다. '우수 안전 인증'을 받기 위해서는 해당 분기 내 모든 월에서 '적합' 판정 이상을 받아야 하며, 최소 두 달 이상 '최우수' 판정을 받아야 한다. '일반 안전 인증'은 분기 내 모든 월에서 '부적합' 판정이 없어야 하며, '우수 안전 인증' 기준에는 미치지 못하는 경우에 부여된다. 어느 한 달이라도 '부적합' 판정이 있으면 해당 분기에는 인증이 거부된다.

갑사와 을사는 각각 자사에서 생산한 식품에 대해 1분기에 식품안전 인증 검사를 받았으며, 각 항목에 대한 평가 결과는 <표>와 같다.

<표> 1분기 식품안전 인증 검사 결과

업체	검사 시행월	위생관리 수준	원료 품질	보존성
갑	1월	㉠	A	B
	2월	B	㉡	B
	3월	㉢	B	A
을	1월	㉣	A	B
	2월	C	㉤	A
	3월	B	A	㉥

<보 기>

ㄱ. ㉡이 'C'라면 갑사 제품은 1분기에 어떤 인증도 받을 수 없다.

ㄴ. ㉢, ㉣, ㉤이 모두 같지 않다면 을사 제품은 1월에 '부적합' 판정을 받을 수 있다.

ㄷ. 1분기에 갑사가 '우수 안전 인증'을 받고 을사가 '일반 안전 인증'을 받았다면, ㉠과 ㉥은 같다.

① ㄱ
② ㄴ
③ ㄱ, ㄷ
④ ㄴ, ㄷ
⑤ ㄱ, ㄴ, ㄷ

24. 다음 갑 ~ 무의 대화에 대한 분석으로 적절하지 않은 것은?

갑: 우리 A구에서 2025년 3월에 새로 개설된 한 경로당(이하 '신설 경로당')에서 지원을 신청했으나, 지원 불가 통보를 받고 민원이 제기되었습니다.

을: 현재 상황이 어떻게 되나요?

갑: A구 경로당 급식비 지원 조례(이하 'A구 조례') ㉠제4조 지원대상 요건에서는 "지원대상은 A구에 등록된 경로당 중 이용 노인 10명 이상이 월 15일 이상 상시 이용하고, 설립된 지 6개월 이상인 곳으로 한다"라고 규정하고 있습니다. 신설 경로당은 설립 4개월 차로 지원 대상에서 제외했습니다.

병: 그럼에도 이 경로당은 개설 이후 꾸준히 이용자가 증가하고 있고, 3월에 8명, 4월에 9명, 5월에는 12명이 20일 이상 이용했습니다. A구 조례 ㉡제7조 특별 지원 규정을 보면 "구청장은 특별한 사유가 있다고 인정하는 경우 제4조의 요건을 충족하지 못하더라도 급식비를 지원할 수 있다"고 되어 있습니다. 신설 경로당은 급식비를 지원받아야 마땅합니다.

정: 저는 조례의 취지를 고려해야 한다고 봅니다. A구 조례 ㉢제1조의 목적에는 "노인의 건강증진과 여가활동 지원을 위해 경로당 급식비를 지원함을 목적으로 한다" 고 명시되어 있습니다. 신설 경로당도 이용자 증가 추세와 목적 부합성을 고려해 지원하는 것이 맞지 않을까요?

무: 그렇지만 예산 제약이 있는 상황에서 제4조 지원대상 요건의 명확한 기준은 중요합니다. 또한 행정의 일관성과 예측 가능성을 위해서는 규정에 충실해야 합니다. 이 외에도 실제로 급식비 사용 내역과 정산이 투명하게 이루어질 수 있는지도 고려해야 합니다.

갑: 이 사안은 제4조 지원대상 요건에 규정상 분명한 기준이 있고, 이를 준수해야 합니다. 그뿐만 아니라 다른 경로당들과의 형평성 문제도 따져봐야 합니다. 기존 경로당들도 설립 개월 수를 채우고 이용 실적을 쌓아가며 지원 요건을 충족시켰으니까요.

을: 저는 제7조의 특별 지원 조항이 바로 이런 경우를 위한 것이라고 생각합니다. 신설 경로당의 성장 가능성을 고려해 한시적으로 지원하면서 정착을 도울 필요가 있습니다.

① 갑은 신설 경로당의 ㉠의 충족 여부에 관한 판단에서 병과는 다르고 무와는 같다.
② 을은 ㉡의 적용을 통해 신설 경로당 지원이 필요하다고 본다.
③ 병은 경로당 이용자 수의 증가 추세를 ㉡의 특별한 사유에 해당하는 것으로 해석한다.
④ 정은 ㉢을 근거로 조례의 목적에 부합하는 해석을 해야 한다고 본다.
⑤ 무는 ㉠의 문언뿐만 아니라 실질적 조건도 고려해야 한다고 본다.

25. 다음 글의 <논쟁>에 대한 분석으로 적절한 것만을 <보기>에서 모두 고르면?

A국의 「전자금융거래법」 제○○조는 다음과 같다.

> 제○○조(개인정보 보호) ① 전자금융거래를 하는 금융기관은 고객의 개인정보가 분실, 도난, 유출, 위조, 변조 또는 훼손되지 아니하도록 보호조치를 취해야 한다.

최근 A국 의회는 제○○조에 다음의 제2항(이하 '신설 조항')을 추가하려 한다.

> ② 금융기관은 개인정보 유출 사고 발생 시, 유출 사실을 인지한 때로부터 24시간 이내에 해당 고객 및 금융감독원에 통지하고, 정보유출 구모와 관계없이 최소 3년간 피해자의 신용정보 모니터링 서비스를 무상으로 제공해야 한다.

이에 대하여 갑과 을이 논쟁한다.

<논 쟁>

쟁점 1: 갑은, 개인정보 유출 사고가 발생했을 때 고객이 신속하게 대응할 권리가 있기 때문에 24시간 이내 통지 의무와 모니터링 서비스 제공은 필수적이라고 주장한다. 그러나 을은, 신설 조항은 유출 피해의 규모나 중대성을 고려하지 않고 일률적으로 적용되므로 금융기관에 과도한 부담을 지우는 불합리한 규제라고 주장한다.

쟁점 2: 갑은, 신설 조항이 없으면 금융기관이 정보 유출 사건을 은폐하거나 대응을 지연시킬 수 있어 소비자 피해가 확대될 수 있으므로 엄격한 법적 의무화가 필요하다고 주장한다. 그러나 을은, 금융기관들은 이미 자율적인 개인정보 보호 체계를 구축하여 운영하고 있으므로 신설 조항 없이도 소비자 보호가 충분히 이루어진다고 맞선다.

<보 기>

ㄱ. 쟁점 1과 관련하여, 을은 개인정보 유출의 심각성을 사안별로 구분하여 대응해야 한다고 생각하는 반면, 갑은 모든 개인정보 유출은 동일한 수준의 신속한 대응이 필요하다고 생각하기 때문이라면, 갑과 을 사이의 주장 불일치를 설명할 수 있다.

ㄴ. 쟁점 2와 관련하여, 갑은 금융기관의 자율규제만으로는 소비자 보호가 미흡하다고 보고, 을은 현행 자율규제만으로도 소비자 보호가 충분히 이루어진다고 본다.

ㄷ. '금융기관은 개인정보 유출 사고 발생 시, 유출 규모가 1,000건을 초과하는 경우에만 48시간 이내에 해당 고객 및 금융감독원에 통지하고, 요청하는 고객에 한해 1년간 신용정보 모니터링 서비스를 제공해야 한다.'는 내용으로 A국 의회가 신설 조항을 수정하여 제○○조에 추가한다면, 갑과 을 모두 이에 동의할 것이다.

① ㄱ ② ㄷ ③ ㄱ, ㄴ
④ ㄴ, ㄷ ⑤ ㄱ, ㄴ, ㄷ

약점 보완 해설집 p.4

상황판단영역

1. 다음 글을 근거로 판단할 때 옳은 것은?

제00조 ① 선박의 소유자는 선박시설에 대하여 정기적으로 해양수산부장관의 검사를 받아야 하며, 해양수산부장관은 검사에 합격한 선박에 대하여 선박검사증서 또는 국제협약검사증서를 교부하여야 한다.
② 선박검사증서의 유효기간은 5년으로 한다.
③ 국제협약검사증서의 유효기간은 3년으로 한다.
④ 제2항에 따른 선박검사증서의 유효기간은 다음 각 호에 규정된 날부터 기산한다.
1. 최초로 정기검사를 받은 경우 해당 선박검사증서를 발급받은 날
2. 선박검사증서의 유효기간이 끝나기 전 3개월이 되는 날 이후에 정기검사를 받은 경우 종전 선박검사증서의 유효기간 만료일의 다음 날
3. 선박검사증서의 유효기간이 끝나기 전 3개월이 되는 날 전에 정기검사를 받은 경우 해당 선박검사증서를 발급받은 날
4. 선박검사증서의 유효기간이 끝난 후에 정기검사를 받은 경우 종전 선박검사증서의 유효기간 만료일의 다음 날
⑤ 제3항에 따른 국제협약검사증서의 유효기간의 기산 방법은 제4항에 따른 선박검사증서의 유효기간 기산 방법을 준용한다. 이 경우 "선박검사증서"는 "국제협약검사증서"로 본다.
제00조 선박검사증서 및 국제협약검사증서의 유효기간을 연장하려는 경우 다음 각 호의 구분에 따른 기간 이내에서 연장할 수 있다.
1. 선박이 정기검사를 받기 곤란한 장소에 있는 경우: 3개월
2. 선박이 단거리의 항해(항해를 시작한 항구로 회항할 때까지의 항해거리가 1천 해리를 넘지 않는 항해를 말한다)에 사용되는 경우(국제협약검사증서로 한정한다): 1개월

① 국제협약검사증서 유효기간 만료일부터 3개월 후에 정기검사를 받아 새로운 국제협약검사증서를 발급받은 경우, 새로운 국제협약검사증서의 유효기간은 정기검사를 받은 날부터 3년이다.
② 항해를 시작한 항구로 회항할 때까지의 항해거리가 900 해리인 선박의 경우, 선박검사증서의 유효기간을 최대 1개월 범위 내에서 연장할 수 있다.
③ 해양수산부장관은 정기검사에 합격한 선박의 소유자에게 선박검사증서 또는 국제협약검사증서를 교부할 수 있다.
④ 2021.9.5. 최초로 국제협약검사증서를 발급받은 선박이 정기검사를 받기 곤란한 장소에 있는 경우에는 해당 선박이 최초로 발급받은 국제협약검사증서의 유효기간을 2024.12.6.까지 연장할 수 있다.
⑤ 2020.3.17. 최초로 선박검사증서를 발급받은 선박이 2025.2.20. 받은 정기검사의 선박검사증서를 2025.4.15. 발급받았다면, 새로운 선박검사증서는 2030.3.16. 유효기간이 만료된다.

2. 다음 글을 근거로 판단할 때 옳은 것은?

제00조 ① 금융회사 또는 전자금융업자는 다음 각 호의 어느 하나에 해당하는 사고로 인하여 이용자에게 손해가 발생한 경우에는 그 손해를 배상할 책임을 진다.
1. 접근매체의 위조나 변조로 발생한 사고
2. 계약체결의 전자적 전송·처리 과정에서 발생한 사고
② 제1항에도 불구하고 금융회사 또는 전자금융업자는 다음 각 호의 어느 하나에 해당하는 경우에는 그 책임의 전부 또는 일부를 이용자가 부담하게 할 수 있다.
1. 사고 발생에 있어서 이용자의 고의나 중대한 과실이 있는 경우로서 그 책임의 전부 또는 일부를 이용자의 부담으로 할 수 있다는 취지의 약정을 미리 이용자와 체결한 경우
2. 법인(소기업을 제외한다)인 이용자에게 손해가 발생한 경우로 금융회사 또는 전자금융업자가 사고를 방지하기 위하여 보안절차를 수립하고 이를 철저히 준수하는 등 합리적으로 요구되는 충분한 주의의무를 다한 경우
③ 제2항 제1호에 따른 이용자의 고의나 중대한 과실은 전자금융거래에 관한 약관에 기재된 것에 한한다.
④ 금융회사 또는 전자금융업자는 제1항에 따른 책임을 이행하기 위하여 금융위원회가 정하는 기준에 따라 보험 또는 공제에 가입하는 등 필요한 조치를 하여야 한다.
제00조 금융회사 또는 전자금융업자는 이용자로부터 접근매체의 분실이나 도난 등의 통지를 받은 때에는 그 때부터 제3자가 그 접근매체를 사용함으로 인하여 이용자에게 발생한 손해를 배상할 책임을 진다.
제00조 금융위원회는 금융회사 또는 전자금융업자가 안전성 확보의무를 위반하여 전자금융거래의 안전성과 신뢰성에 중대한 영향을 미치는 경우에는 해당 금융회사 또는 전자금융업자에게 1억 원 이하의 과징금을 부과할 수 있다.

① 금융회사가 접근매체의 변조에 의한 사고로 이용자에게 금전적 피해가 발생했더라도, 금융위원회가 정하는 기준에 따라 보험에 가입한 경우에는 그 손해를 배상할 책임이 면제된다.
② 금융회사는 이용자가 접근매체를 분실한 사실을 통지한 시점 이전에 제3자가 그 접근매체를 사용하여 발생한 손해에 대해서도 배상 책임을 진다.
③ 금융회사가 안전성 확보의무를 위반하여 해킹 사고가 발생하였고 이로 인해 고객 정보가 유출되었으나, 사후적으로 모든 피해를 완전히 보상하였다면 금융위원회는 금융회사에게 과징금을 부과할 수 없다.
④ 대기업에 발생한 전자금융 사고의 경우, 금융회사의 보안절차 수립 여부와 관계없이 금융회사는 항상 손해배상 책임을 진다.
⑤ 이용자의 중대한 과실로 인한 사고 발생 시 이용자가 책임을 부담한다는 약정이 있더라도, 그 구체적 내용이 약관에 명시되지 않았다면 금융회사는 해당 약정을 근거로 책임을 면할 수 없다.

3. 다음 글을 근거로 판단할 때 옳은 것은?

> 제00조 이 법에서 사용하는 용어의 정의는 다음과 같다.
> 1. "사적 이해관계자"란 공직자의 4촌 이내 친족, 공직자 자신 또는 그 가족이 임원 또는 사외이사로 재직하고 있는 법인·단체, 기타 공직자와 이해관계가 있는 자를 말한다.
> 2. "소속기관장"이란 공직자가 소속된 공공기관의 장을 말한다.
>
> 제00조 ① 공직자는 직무관련자가 사적 이해관계자임을 안 때에는 소속기관장에게 그 사실을 서면으로 신고하고 회피를 신청하여야 한다.
> ② 소속기관장은 제1항에 따른 신고·회피 신청이 있거나 직접 그 사실을 안 때에는 해당 공직자의 직무수행에 지장이 있다고 인정하는 경우 직무 참여 일시중지 명령, 직무재배정 또는 직무대리자 지정 등의 조치를 하여야 한다.
> 제00조 ① 공직자는 자신이 소속된 공공기관에 자신 또는 가족의 채용을 요구해서는 아니 된다.
> ② 공직자는 자신이 소속된 공공기관에 자신 또는 가족의 채용에 관한 부당한 영향력을 행사해서는 아니 된다.
> 제00조 ① 고위공직자는 최근 3년간 민간부문에서 업무 활동·영리행위 등의 내용과 소득 내역을 소속기관장에게 신고하여야 한다.
> ② 소속기관장은 제1항에 따라 신고된 내용을 공개할 수 있다.
> 제00조 ① 공공기관의 장은 소속 공직자가 이 법에 위반하는 사실을 발견한 경우 해당 공직자에게 위반행위의 시정·정지를 명령하여야 한다.
> ② 소속기관장은 공직자가 제1항의 명령에도 불구하고 시정·정지 명령을 이행하지 않거나 위법한 직무처리로 인하여 공공기관에 재산상 손해를 끼친 경우 진행 중인 직무의 중단·취소 또는 이미 행한 직무의 무효 또는 취소를 명할 수 있다.

① 甲시 소속 공무원 乙이 직무관련자가 자신의 4촌 이내 친족임을 알게 되더라도, 이를 甲시장에게 회피 신청을 할 필요가 없다.

② 丙청장이 소속 고위공직자의 민간부문 활동내역을 공개하려는 경우, 해당 고위공직자가 신고한 내용 중 최근 1년간의 내역만 공개할 수 있다.

③ 丁부장관이 자신의 딸을 소속 공공기관에 채용하도록 영향력을 행사했으나, 실제로 채용되지 않은 경우에는 해당 법을 위반한 것은 아니다.

④ 戊도지사가 소속 공무원의 해당 법에 대한 위반 사실을 발견한 경우, 해당 공무원에게 위반행위의 시정·정지를 명령해야 하고 이행하지 않으면 직무의 취소를 명할 수 있다.

⑤ 己구청장은 공직자가 직무관련자가 사적 이해관계자임을 알고 신고·회피 신청을 한 모든 경우에 직무재배정 등의 조치를 취해야 한다.

4. 다음 글과 <상황>을 근거로 판단할 때, <보기>에서 옳은 것만을 모두 고르면?

> 제○○조 ① 환경부장관은 폐기물의 발생을 억제하고 자원의 낭비를 막기 위하여 특정대기유해물질, 특정수질유해물질 등이 들어있거나 재활용이 어려운 제품·재료·용기의 제조업자나 수입업자에게 폐기물 처리 비용을 부과·징수한다.
> ② 제1항에도 불구하고 다음 각 호의 어느 하나에 해당하는 경우에는 폐기물 처리 비용(이하 '폐기물부담금'이라 한다)을 부과하지 아니한다.
> 1. 제품·포장재가 생분해성수지인 제품
> 2. 환경부장관과 회수·재활용에 관한 자발적 협약을 체결하고 이를 이행한 제조업자 또는 수입업자가 제조 또는 수입한 제품·재료
>
> ③ 환경부장관은 폐기물부담금을 내야 하는 자가 납부기한까지 내지 아니하면 30일 이상의 기간을 정하여 납부를 독촉하여야 한다. 이 경우 다음 각 호의 구분에 따라 가산금을 부과한다.
> 1. 납부기한이 지난 날부터 1주일 이내에 납부하는 경우: 체납된 폐기물부담금의 100분의 1에 해당하는 금액
> 2. 납부기한이 지난 날부터 1주일이 지난 다음 납부하는 경우: 체납된 폐기물부담금의 100분의 3에 해당하는 금액
>
> ④ 환경부장관은 제3항에 따라 산출된 폐기물부담금이 1만 원 미만인 경우에는 이를 징수하지 아니할 수 있다.
> 제△△조 환경부장관은 폐기물부담금을 내야 하는 자가 다음 각 호의 어느 하나에 해당하는 사유로 납부기한 전에 폐기물부담금을 낼 수 없다고 인정하면 징수를 유예하거나 그 금액을 분할하여 납부하게 할 수 있다.
> 1. 천재지변이나 그 밖의 재해로 제조업자나 수입업자의 재산에 중대한 손실이 발생한 경우
> 2. 사업에 손실을 입어 경영상 심각한 위기에 처한 경우

<상 황>

> A사는 특정대기유해물질이 포함된 제품을 제조하는 회사로, 납부기한인 2025년 3월 31일까지 폐기물부담금 600만 원을 부하지 못하였다. 환경부장관은 A사에 대하여 2025년 4월 5일에 납부를 독촉하였고, A사는 2025년 4월 10일에 체납된 폐기물부담금을 납부하였다.

<보 기>

> ㄱ. A사가 2025년 4월 10일에 납부한 폐기물부담금에 부과되는 가산금은 18만 원이다.
> ㄴ. 폐기물부담금이 1만 원을 초과한다면 환경부장관은 해당 부담금을 징수하지 않을 수 있다.
> ㄷ. 환경부장관은 A사가 대규모 정전으로 인해 큰 손실이 발생한 경우 폐기물부담금 징수를 유예해야 한다.
> ㄹ. A사가 제조하는 제품에 대해 환경부장관과 회수 및 재활용에 관한 자발적 협약을 체결하고 이행했다면, 폐기물부담금을 면제받을 수 있다.

① ㄱ, ㄴ ② ㄱ, ㄹ ③ ㄴ, ㄷ
④ ㄴ, ㄹ ⑤ ㄷ, ㄹ

5. 다음 글을 근거로 판단할 때 옳은 것은?

화산 활동은 지구 맨틀에서 생성된 마그마가 지각을 통과해 지표면으로 분출되는 현상으로, 이는 대륙 지형 형성 및 생물권 변화에 지대한 영향을 미친다. 화산 활동은 주로 판구조론의 체계 내에서 판의 경계부에서 집중적으로 발생하며, 그 특성에 따라 분출형, 폭발형, 복합형으로 세분화된다. 분출형 화산은 이산화규소 함량이 적은 현무암질 마그마가 주로 분출되어 유동성이 높은 특성을 나타내는 반면, 폭발형 화산은 이산화규소 함량이 높은 유문암질 마그마의 폭발적 분출이 특징적이다. 복합형 화산은 이 두 가지 성향이 교차하여 발현되는 형태로 전 지구적으로 가장 보편적인 화산 유형이다.

화산 분출물은 크게 용암류, 화산쇄설물, 화산가스로 구분된다. 용암은 지표로 분출된 마그마로, 그 화학 성분과 온도에 따라 흐름 속도와 형태가 결정된다. 현무암질 용암은 1,000℃ 이상의 고온과 낮은 점성으로 인해 빠른 유동성을 보이는 반면, 유문암질 용암은 700～800℃의 상대적 저온과 높은 점성으로 인해 저속으로 이동한다. 화산쇄설물은 마그마의 폭발적 분출 과정에서 생성되는 미립자로, 대기 중에 오래 머물며 기후에 일시적 영향을 미친다. 화산가스는 주로 수증기와 이산화탄소, 이산화황 등으로 구성되어 있으며, 지구 대기와 생태계에 영향을 미친다.

한편 화산 활동의 양면성은 주목할 만하다. 화산 활동은 단기적으로는 재해요인으로 작용하지만, 장기적 관점에서는 다량의 영양분을 함유한 비옥한 토양을 형성해 농업 생산성 향상에 기여한다. 화산재와 용암의 장기적 풍화작용은 칼륨, 인, 마그네슘 등 다양한 미네랄이 풍부한 토양을 발달시켜 식생의 생장에 최적화된 환경을 제공한다. 또한 화산 활동은 재생 가능한 지열 에너지의 주요 원천으로 기능한다. 마그마에서 방출되는 열에너지는 지하수를 가열해 온천이나 간헐천을 형성하며, 이러한 지열은 전력 생산에 효율적으로 활용된다. 화산대에 위치한 국가는 화산 활동의 잠재적 위험성을 인지하면서도 그에 수반되는 지열 에너지의 경제적 이점을 누리고 있다.

① 화산 활동으로 형성된 토양은 필요한 영양소가 부족하여 농작물 재배에 적합하지 않다.
② 현무암질 용암은 유문암질 용암보다 온도가 높고 점성이 낮아 더 빨리 흐르는 특성이 있다.
③ 화산쇄설물은 입자가 무겁고 조밀하여 대기권에 단시간 체류하므로 기후 변동에 미치는 영향이 미미하다.
④ 폭발형 화산은 이산화규소 함량이 낮은 현무암질 마그마의 급속한 가스 방출로 인해 폭발적 분출 양상을 보인다.
⑤ 지열 에너지의 주요 원천은 지각 내부의 방사성 원소 붕괴열이다.

6. 다음 글과 <상황>을 근거로 판단할 때, 甲기업이 프리랜서 乙에게 원천징수 후 지급하는 금액은?

甲기업은 자사 홈페이지 디자인 개선 작업을 위해 프리랜서를 고용하였으며, 프리랜서 보수 지급 기준은 다음과 같다.

구분	세부 내용	금액
작업비	일 작업 단가	90,000원
	주말(토, 일) 작업 시	일 작업 단가에 50% 할증 적용
회의참석비	1회 기본(2시간 이내)	60,000원
	2시간 초과 시	시간당 20,000원 가산
문서작성비	기본 20페이지	페이지당 7,000원
	20페이지 초과 시	페이지당 5,000원 가산

※ 모든 비용에 원천징수세 3%를 적용한다.

<상 황>

甲기업은 프리랜서 乙에게 5월 26일 월요일까지 자사 홈페이지 디자인 개선 작업을 의뢰하였으며, 乙은 5월 15일부터 5월 24일까지 총 10일간 매일 작업하였다. 작업 기간 중 각 3시간이 소요되는 중간 보고회에 2회, 4시간이 소요되는 최종 보고회에 1회 참석하였다. 또한 乙은 30페이지의 웹디자인 가이드라인 문서와 40페이지의 홈페이지 디자인 상세 설명서를 제출하였다. 甲기업은 프리랜서 보수 지급 기준에 따라 乙에게 작업비, 회의참석비, 문서작성비를 지급하였다.

① 1,304,650원
② 1,421,050원
③ 1,576,250원
④ 1,673,250원
⑤ 1,716,900원

7. 다음 글과 <상황>을 근거로 판단할 때, <보기>에서 옳은 것만을 모두 고르면?

행운의 공 뽑기 게임은 다음과 같은 규칙으로 진행된다.

○ 상자 안에는 빨간색, 파란색, 노란색, 초록색, 검은색 공이 각각 2개씩 총 10개가 들어있다.
○ 참가자는 상자에서 한 번에 2개의 공을 동시에 무작위로 뽑는다.
○ 뽑은 공의 색깔 조합에 따라 아래 표와 같이 점수가 결정된다.

공의 조합	점수
같은 색 2개	10점
빨간색 + 파란색	8점
빨간색 + 노란색	6점
빨간색 + 초록색	4점
파란색 + 노란색	5점
파란색 + 초록색	3점
노란색 + 초록색	2점
검은색 + 그 외 색	0점

<상 황>

행운의 공 뽑기 게임에 참가한 甲, 乙, 丙은 각자 2개씩 공을 뽑았고, 세 사람이 얻은 점수와 관련해 다음과 같은 사실이 알려졌다.

○ 甲이 뽑은 공 중 하나는 빨간색이었다.
○ 乙이 뽑은 공 중에는 검은색이 없었다.
○ 丙은 乙보다 높은 점수를 얻었다.
○ 세 사람의 점수는 모두 달랐으며, 가장 높은 점수를 얻은 사람과 가장 낮은 점수를 얻은 사람의 점수 차이는 5점이었다.
○ 상자에 남은 공 중에는 같은 색의 공이 없었다.

<보 기>

ㄱ. 甲이 뽑은 나머지 한 공은 파란색이다.
ㄴ. 乙이 받은 점수는 3점 이상이다.
ㄷ. 丙이 뽑은 공 중에는 파란색 공이 포함되어 있다.
ㄹ. 상자에 남은 공 중 초록색 공은 1개이다.

① ㄱ, ㄴ
② ㄱ, ㄷ
③ ㄴ, ㄹ
④ ㄷ, ㄹ
⑤ ㄴ, ㄷ, ㄹ

8. 다음 글을 근거로 판단할 때, 9월 탄소배출권 최종 지급량이 10포인트 이상인 가구만을 모두 고르면?

○ A구는 탄소배출 감소를 위한 프로그램을 운영하고 있다. 이 프로그램에 참여하는 가구는 탄소배출량에 따라 탄소배출권을 지급받게 된다. A구 내 4가구(가 ~ 라)의 9월 탄소 배출량 현황과 각 가구의 특성은 다음과 같다.

가구	가구원 수	실제 배출량 (kg)	전년 동월 대비 배출량 감소율	3개월 연속 배출량 감소 여부	저소득층 해당 여부
가	1	280	15%	해당함	해당하지 않음
나	2	245	8%	해당하지 않음	해당함
다	3	301	12%	해당함	해당함
라	2	224	9%	해당함	해당하지 않음

○ 탄소배출권 기본 지급량은 기본 포인트에 감축율을 곱한 값으로 지급되며, 가구별 기본 포인트는 1인 가구의 경우 20포인트, 2인 가구의 경우 30포인트, 그 외의 경우 40포인트이다.
○ 기준 배출량은 가구당 월평균 350kg이며, 감축율은 기준 배출량에서 실제 배출량을 뺀 값을 기준 배출량으로 나누어 백분율로 계산한다.
○ 아래의 항목에 해당하는 경우 기본 지급량에 각 항목별 퍼센트에 따른 추가 포인트를 합산하여 최종 지급량을 산출한다. 이때 추가 지급 항목은 중복 적용이 가능하다.
  - 전년 동월 대비 배출량이 10% 이상 감소한 가구: 기본 지급량의 20%
  - 3개월 연속 배출량 감소 가구: 기본 지급량의 10%
  - 저소득층 가구: 기본 지급량의 30%

① 가, 나
② 가, 라
③ 나, 다
④ 나, 라
⑤ 다, 라

[9 ~ 10] **다음 글을 읽고 물음에 답하시오.**

골연령은 성장의 생물학적 지표로, 뼈의 성숙 정도를 측정하여 실제 나이 대비 뼈의 발달 상태를 평가하는 방법이다. 이는 특히 소아청소년의 성장 상태를 정확하게 파악하고 최종 신장을 예측하는 데 중요한 지표가 된다. 골연령 측정은 주로 왼손과 손목의 X선 사진을 통해 이루어지는데, 이 부위가 다른 부위보다 다양한 뼈들의 성숙 과정을 관찰하기 용이하기 때문이다.

골연령 측정에는 세 가지 주요 방법이 사용된다. 첫째, 1950년대에 개발된 그로일리히-파일(G-P) 방법은 X선 사진의 골격 성숙도를 미리 정해진 표준 사진과 비교하여 평가한다. 손과 손목의 20개 뼈를 각각 분석하여 점수를 매기는 방식으로, 가장 널리 사용되는 방법이다. 둘째, 터너-화이트하우스(TW) 방법은 손목의 관절과 손가락 뼈의 특정 성숙 지표를 8~9단계로 세분화하여 점수화하고, 이를 수학적 공식에 대입하여 골연령을 산출한다. 셋째, 카르팔(Carpal) 방법은 손목뼈만을 평가하여 골연령을 측정하는데, 이 방법은 주로 6세 이하의 영유아에게 적합하다.

골연령과 실제 나이인 역연령의 관계는 성장 상태를 평가하는 중요한 기준이 된다. 골연령이 역연령보다 2년 이상 앞서 있다면 조기 사춘기나 성조숙증을 의심할 수 있으며, 반대로 2년 이상 뒤처져 있다면 성장 지연이나 내분비 장애를 의심해볼 수 있다. 또한 최종 성인 신장 예측에도 골연령이 활용되는데, 골연령이 역연령보다 앞서 있는 경우 조기에 골단 융합이 일어나 성장이 빨리 멈출 가능성이 높아 최종 신장이 낮아질 수 있다. 성장 속도가 이상적으로 빠른 아이들은 대개 골연령도 함께 증가하며, 이때 추적 관찰하여 성장 잠재력이 얼마나 남아있는지 평가해야 한다.

최종 신장 예측을 위해서는 베일리-피노(BP) 공식이나 로스리치-골드스타인(RG) 방법 등이 사용된다. 베일리-피노 공식은 현재 신장, 골연령, 역연령을 변수로 하여 잔여 성장 가능성을 계산한다. 이 공식에 따르면 최종 신장은 현재 신장과 현재 신장에 해당 성별 및 골연령별의 계수를 차례로 곱한 값을 합산하여 산출된다. 로스리치-골드스타인 방법은 앞의 공식보다 더 많은 변수들을 고려하여 정확도를 높인 방식으로, 부모의 신장과 아이의 성숙도까지 반영한다. 이러한 예측 방법들은 다양한 임상 환경에서 소아의 성장 잠재력을 평가하는 데 중요한 역할을 담당하고 있다.

9. 윗글을 근거로 판단할 때, <보기>에서 옳은 것만을 모두 고르면?

<보 기>

ㄱ. 실제나이가 골연령보다 2년 이상 앞선 경우, 아동은 조기 사춘기를 겪고 있을 가능성이 높다.

ㄴ. 골연령 측정에서 카르팔 방법은 모든 연령대에 적용 가능한 보편적인 방식이다.

ㄷ. 골연령이 실제 나이보다 앞서 있으면 최종 신장이 낮아질 가능성이 있다.

ㄹ. 로스리치-골드스타인 방법은 정확성을 향상시키기 위해 베일리-피노 공식보다 더 광범위한 변수들을 통합하며, 여기에는 부모의 키 정보가 포함된다.

① ㄱ, ㄴ
② ㄱ, ㄹ
③ ㄴ, ㄷ
④ ㄴ, ㄹ
⑤ ㄷ, ㄹ

10. 윗글과 <상황>을 근거로 판단할 때, (가)에 해당하는 수는?

<상 황>

소아과 의사 A는 13세 남아 B의 최종 신장을 예측하기 위해 베일리-피노 공식을 사용하고자 한다. B의 현재 신장은 145cm, 골연령은 14.5세이다. A가 참고한 베일리-피노 공식에 따르면, 골연령이 13세일 때와 14.5세일 때 적용하는 계수는 각각 0.20, 0.15이고, 성별 계수는 남아가 1.6, 여아가 1.4이다. 이 공식을 이용하여 산출한 B의 최종 예상 신장은 (가) cm이다.

① 171.8
② 175.5
③ 179.8
④ 185.6
⑤ 191.4

11. 다음 글을 근거로 판단할 때 옳지 않은 것은?

제◇◇조 관할 세무서장은 천재지변이나 그 밖에 사유로 신고, 신청, 청구를 정하여진 기한까지 할 수 없다고 인정하는 경우나 납세자가 기한 연장을 신청한 경우에는 대통령령으로 정하는 바에 따라 그 기한을 연장할 수 있다.
제○○조 ① 제◇◇조에서 "대통령령으로 정하는 사유"란 다음 각 호의 경우를 말한다.
1. 납세자가 화재, 전화, 그 밖의 재해를 입거나 도난을 당한 경우
2. 납세자 또는 그 동거가족이 질병이나 중상해로 6개월 이상의 치료가 필요하거나 사망하여 상중(喪中)인 경우
3. 정전, 프로그램의 오류나 그 밖의 부득이한 사유로 한국은행 및 체신관서의 정보통신망의 정상적인 가동이 불가능한 경우
② 제1항 각 호에 따른 기한연장은 3개월 이내로 하되, 해당 기한연장의 사유가 소멸되지 않는 경우 관할 세무서장은 1개월의 범위에서 그 기한을 다시 연장할 수 있다.
③ 제2항에도 불구하고 신고와 관련된 기한연장은 9개월을 넘지 않는 범위에서 관할 세무서장이 할 수 있다.
제△△조 제◇◇조에 따라 기한의 연장을 받으려는 자는 기한 만료일 3일 전까지 연장을 받으려는 기한 및 사유를 적은 문서로 해당 행정기관의 장에게 신청하여야 한다. 이 경우 해당 행정기관의 장은 기한연장을 신청하는 자가 기한 만료일 3일 전까지 신청할 수 없다고 인정하는 경우에는 기한의 만료일까지 신청하게 할 수 있다.
제□□조 ① 행정기관의 장은 기한을 연장하였을 때에는 문서로 지체 없이 관계인에게 통지하여야 하며, 제△△조 전단에 따른 신청에 대해서는 기한 만료일 전에 그 승인 여부를 통지하여야 한다.
② 행정기관의 장은 다음 각 호의 어느 하나에 해당하는 경우에는 제1항에도 불구하고 관보 또는 일간신문에 공고하는 방법으로 통지를 갈음할 수 있다.
1. 제○○조 제1항 제3호에 해당하는 사유가 전국적으로 일시에 발생하는 경우
2. 기한연장의 통지대상자가 불특정 다수인 경우

① 신고와 관련된 기한연장은 최대 9개월을 초과할 수 없다.
② 납세자가 질병으로 5개월의 치료가 필요한 경우에는 기한연장 사유에 해당하지 않는다.
③ 행정기관의 장은 기한 만료일까지 기한연장 신청에 대한 승인 여부를 통지해야 한다.
④ 행정기관 장이 기한 단료일 3일 전까지 기한연장 신청이 불가하다고 인정할 경우, 납세자는 기한 만료일까지 기한연장을 신청할 수 있다.
⑤ 행정기관의 장은 전국적인 통신 프로그램 오류로 체신관서의 정보통신망이 정상적으로 가동되지 않는 경우 일간신문에 공고하여 기한연장 신청에 대한 승인 여부를 통지할 수 있다.

12. 다음 글과 <상황>을 근거로 판단할 때, 카드를 변경한 이후 A ~ E가 가지고 있는 카드에 적힌 숫자 중 가장 큰 수와 가장 작은 수의 차는?

A, B, C, D, E 다섯 사람은 각각 다른 자연수 카드를 하나씩 가지고 있고 다섯 사람이 가지고 있는 카드에 대한 정보는 다음과 같다.

○ 다섯 사람이 가지고 있는 카드에 적힌 숫자의 평균은 24이다.
○ A가 가진 카드에 적힌 숫자는 B와 D가 가진 카드에 적힌 숫자의 합보다 1 크다.
○ C가 가진 카드에 적힌 숫자는 D가 가진 카드에 적힌 숫자보다 3 크고, E가 가진 카드에 적힌 숫자의 2배보다 1 작다.
○ B가 가진 카드에 적힌 숫자는 D가 가진 카드에 적힌 숫자보다 크고 E가 가진 카드에 적힌 숫자의 2배보다 작다.

<상 황>

A, B, C, D, E는 자신이 가지고 있던 자연수 카드를 다음과 같이 바꿨다.

○ A는 자신의 카드에 적힌 숫자보다 5 큰 수가 적힌 카드로 바꿨다.
○ B는 자신의 카드를 C와 바꿨다.
○ D는 자신의 카드에 적힌 숫자보다 7 큰 수가 적힌 카드로 바꿨다.
○ E는 자신의 카드에 적힌 숫자보다 3 큰 수가 적힌 카드로 바꿨다.

① 29
② 31
③ 33
④ 35
⑤ 37

13. 다음 글을 근거로 판단할 때 옳은 것은?

도시열섬현상은 도시의 기온이 주변 교외 지역보다 높아지는 현상으로, 주로 인간 활동에 의한 인공열 발생과 도시 표면 특성의 변화 때문에 발생한다. 콘크리트, 아스팔트 등 도시를 구성하는 인공재는 태양복사에너지를 흡수·저장하는 열용량이 크고, 반사율이 낮아 주간에 열에너지를 과도하게 축적한다. 이렇게 축적된 열은 야간에 방출되어 도시의 야간 기온을 상승시키는 주요 매커니즘으로 작용한다.

도시열섬강도는 도시 규모, 인구밀도, 건축물 집적도에 정비례하는 경향을 보인다. 특히 고층건물이 밀집한 도심지에서는 건물 간 협곡구조가 형성되어 복사열이 다중반사되는 복사트랩 현상이 발생한다. 이 현상은 도시 표면 온도를 가중시키고 열 방출을 지연시킨다. 또한 도시의 불투수성 포장면 증가는 자연 증발산 과정을 억제하여 현열(顯熱) 방출을 증가시킴으로써 열섬효과를 심화시킨다. 주목할 점은 도시열섬현상은 일반적으로 날씨가 맑고 바람이 약한 날 더욱 두드러지며, 계절적으로는 여름보다 겨울에 더 강하게 나타난다.

도시열섬현상의 대책으로는 건축물의 옥상이나 벽면을 녹화하는 방법이 있다. 녹화된 표면은 반사율 조정과 증발산 촉진을 통해 표면온도를 저감시킨다. 특히 옥상녹화는 건물 에너지 효율 향상에도 기여하는데, 이는 녹지층이 단열재 역할을 수행하여 냉난방 에너지 수요를 감소시키기 때문이다. 또한 도시 내 공원과 같은 녹지 공간을 확충하는 것도 효과적인데, 공원의 냉각 효과는 공원 면적이 클수록, 수목 밀도가 높을수록 증가한다. 그러나 공원의 냉각 효과는 공원 경계에서 멀어질수록 급격히 감소하는 경향이 있어, 중소규모의 녹지를 도시 전체에 고르게 분포시키는 것이 대규모 공원 몇 개를 조성하는 것보다 효과적이다.

※현열: 물질의 상태를 바꾸지 않고 온도만 높이거나 낮추는 데에 드는 열

① 도시열섬현상은 태양복사가 강한 여름철에 가장 극명하게 나타난다.
② 도시 내 건물 간 협곡구조는 냉각된 공기의 도심 유입을 촉진하여 열섬효과를 감소시킨다.
③ 옥상녹화는 열섬현상 완화와 에너지 효율성 향상에 동시에 기여한다.
④ 도시 내 건물과 도로의 재료는 주간에 열을 방출하고 야간에 열을 축적하는 특성이 있다.
⑤ 대규모 공원을 1개 조성하는 것이 중소규모 녹지를 분산 배치하는 것보다 도시 전체의 열섬현상 완화에 효과적이다.

14. 다음 글과 <상황>을 근거로 판단할 때, 2025년 탄소중립 지원금 대상으로 선정되는 사업장만을 모두 고르면?

환경부는 기업의 탄소중립 전환을 지원하기 위해 탄소중립 지원금 제도를 운용하고 있다. 2025년 탄소중립 지원금 사업은 다음과 같은 기준에 따라 대상을 선정한다.

○ 지원 대상
- 중소기업, 중견기업, 사회적기업 중 제조업 분야 사업장. 단, 다음 사업장은 지원 제외
  - 석탄, 석유 등 화석연료 채굴·정제 사업장
  - 최근 3년 이내 환경법규 위반 이력이 있는 사업장

○ 선정 기준
- 아래의 두 가지 기준을 모두 충족한 경우 탄소중립 지원금 대상으로 선정한다.
  - 탄소 배출량 감축 목표가 10% 이상인 사업장
  - 에너지 효율 인증을 받은 사업장
- 단, 녹색기술 인증을 받은 사업장의 탄소 배출량 감축 목표 기준은 5% 이상이며, 창업 3년 미만 기업은 에너지 효율 인증을 받지 않아도 탄소 배출량 감축 목표 기준을 충족하면 선정한다.

<상 황>

사업장	기업 유형	업종	탄소 배출량 감축 목표	에너지 효율 인증 여부	녹색 기술 인증 여부	창업 연차	특이 사항
A	중소기업	제조업	8%	O	O	5년	-
B	중견기업	제조업	12%	X	X	7년	-
C	사회적기업	제조업	6%	O	O	2년	-
D	중소기업	석탄채굴	15%	O	X	10년	-
E	중소기업	제조업	11%	O	X	8년	환경법규 위반 (2023년)

① A, B
② A, C
③ B, C
④ B, E
⑤ C, D

15. 다음 글을 근거로 판단할 대, 식품 개발팀이 초콜릿 75kg을 개발하는 데 소요되는 최소 비용은?

○ 디저트 전문 기업 D사의 식품 개발팀은 새로운 초콜릿 제품을 개발하려고 한다.
○ 초콜릿 제품을 만들기 위해서는 다음과 같은 원재료와 공정이 필요하다.
 - 초콜릿 매스는 카카오 버터와 카카오 파우더를 2:3 비율로 혼합해 만든다.
 - 기본 초콜릿은 초콜릿 매스와 우유 가루를 5:1 비율로 혼합해 만든다.
 - 최종 초콜릿 제품은 기본 초콜릿과 설탕을 4:1 비율로 혼합해 완성된다.
○ 각 혼합 과정에서 재료 손실은 없으며, 최종 산출물의 양은 투입 재료의 총량과 같다.
○ 각 원재료의 1kg당 가격은 다음과 같다.

원재료	카카오 버터	카카오 파우더	우유 가루	설탕
가격(원)	12,000	15,000	8,000	2,000

① 75만 원
② 77만 원
③ 80만 원
④ 82만 원
⑤ 85만 원

16. 다음 글과 <상황>을 근거로 판단할 때, <보기>에서 옳은 것만을 모두 고르면?

○ A시 오케스트라는 신입단원을 선발하기 위한 오디션을 진행한다.
○ 오디션은 기악 실기(현악, 관악), 시창청음, 면접 3개 부문으로 진행되며, 각 부문별로 1 ~ 10점까지 평가한다.
○ 최종 선발 기준은 다음과 같다.
 - 3개 부문 점수 합계가 높은 순으로 4명의 합격자를 선발한다.
 - 총점이 동일한 경우 면접 점수가 높은 지원자를 선발한다.
 - 면접 점수가 동일한 경우 기악 실기 점수가 높은 지원자를 선발한다.

<상 황>

A시 오케스트라 신입단원 오디션에 지원한 가영, 나영, 다영, 라영, 마영, 바영의 점수 순위는 다음과 같다.

○ 기악 실기 점수는 가영이가 가장 높고, 라영이와 마영이가 공동 2위, 나머지가 공동 4위이다.
○ 시창청음 점수는 나영이가 가장 높고, 다영이가 2위, 마영이와 바영이가 공동 3위, 가영이와 라영이가 공동 5위이다.
○ 면접 점수는 바영이가 가장 높고, 마영이가 2위, 다영이와 라영이가 공동 3위, 가영이와 나영이가 공동 5위이다.
○ 모든 점수는 정수이며 기악 실기, 시창청음, 면접의 최고점은 각각 9점, 8점, 9점이며, 최저점은 각각 6점, 5점, 6점이다.
○ 가영과 다영은 현악기, 나머지는 관악기 연주자이다.

<보 기>

ㄱ. 바영의 총점은 21점이다.
ㄴ. 관악기 연주자 기악 실기 점수의 평균은 현악기 연주자 기악 실기 점수의 평균보다 높다.
ㄷ. 시창청음 점수가 7점 이상인 지원자는 모두 합격했다.
ㄹ. 총점이 가장 높은 지원자는 마영 또는 바영이다.

① ㄱ, ㄷ
② ㄱ, ㄹ
③ ㄴ, ㄷ
④ ㄴ, ㄹ
⑤ ㄱ, ㄴ, ㄹ

17. 다음 글과 <상황>을 근거로 판단할 때, 대학 기숙사 배정 시 E의 최종 순위는?

○ 다음은 S대학교의 기숙사 선발을 위한 최종 점수 산출항목이다. 기본점수는 성적 점수, 거리 점수, 소득 분위 점수를 합하여 구한다.

- 성적 점수 = 직전 학기 평점×10
- 거리 점수

통학 거리	10km 미만	10km 이상 30km 미만	30km 이상 50km 미만	50km 이상
점수	0점	20점	30점	40점

- 소득 분위 점수

소득분위	0 ~ 2분위	3 ~ 5분위	6 ~ 8분위	9 ~ 10분위
점수	30점	20점	10점	0점

○ 최종 점수는 기본 점수에 아래의 기준에 따른 점수를 가감하여 산출하며, 가점 및 감점 사항은 중복 적용이 가능하다.

기준	가감 점수
장애인	가점 15점
국가유공자 자녀	
기숙사 생활 우수자	가점 10점
해외 교환학생 경험자	가점 5점
기숙사 경고 1회당	감점 5점
무단 외박 1회당	감점 2점

○ 동점일 경우 소득 분위에 따른 점수가 높은 학생이 우선 순위로 선발된다.

<상 황>

다음은 S대학교 기숙사에 지원한 남학생 5명(A ~ E)의 현황이다.

학생	평점	통학거리	소득 분위	특이사항
A	4.0	55km	1분위	국가유공자 자녀, 기숙사 경고 1회
B	3.7	45km	3분위	장애인
C	4.2	25km	2분위	기숙사 생활 우수자, 무단 외박 2회
D	3.5	60km	7분위	해외 교환학생 경험자, 기숙사 경고 1회
E	3.9	50km	6분위	기숙사 생활 우수자, 해외 교환학생 경험자, 무단 외박 1회

① 1순위
② 2순위
③ 3순위
④ 4순위
⑤ 5순위

18. 다음 글과 <상황>을 근거로 판단할 때, 옳은 것은?

○ A기업 인사팀은 신입사원 배정 기준에 따라 각 부서에 신입사원을 배정하려고 한다. 이번 분기에는 총 23명의 신입사원이 입사했으며, 인사 팀장은 4개 부서(甲 ~ 丁)에 해당 인원을 남김없이 배정하고자 한다.

○ 신입사원 배정 기준은 다음과 같다.

- 모든 부서는 적어도 1명 이상의 신입사원을 배정받는다.
- 각 부서장의 요구사항을 모두 반영해야 한다.
- 각 부서에 배정되는 인원은 모두 다르다.

<상 황>

4개 부서(甲 ~ 丁)의 부서장은 아래와 같은 요구사항을 제시하였다.

甲: 저희 부서는 3명 이상의 인원을 배정받고 싶습니다.

乙: 저희 부서는 가장 많은 인원을 배정받는 부서와 가장 적은 인원을 배정받는 부서의 배정 인원의 평균 인원을 배정받고 싶습니다.

丙: 저희 부서는 가장 많은 인원을 배정받고 싶습니다.

丁: 저희 부서는 甲부서보다 많은 인원을 배정받고 싶습니다.

① 丁부서가 배정받는 인원은 5명이다.
② 丙부서가 배정받을 수 있는 최대 인원은 11명이다.
③ 乙부서가 배정받을 수 있는 최대 인원은 7명이다.
④ 丁부서는 乙부서보다 많은 인원을 배정받는다.
⑤ 甲부서와 丙부서가 배정받은 인원 합계는 乙부서와 丁부서가 배정받은 인원 합계보다 작다.

19. 다음 글을 근거로 판단할 때, A～E행사 중 날짜가 확정되는 행사는?

甲시는 가정의 달을 맞아 5월에 A～E행사를 5월 10일부터 5월 21일 사이의 서로 다른 날짜에 개최하려 한다. 올해 5월 1일은 월요일이며, A～E행사의 개최 정보는 다음과 같다.

○ A행사는 목요일에 개최한다.
○ B행사는 C행사 2일 뒤에 개최한다.
○ C행사는 금요일에는 개최하지 않는다.
○ D행사는 E행사보다 3일 뒤에 개최되고, B행사보다 먼저 개최된다.
○ E행사는 5월 15일부터 개최할 수 있다.

① A행사
② B행사
③ C행사
④ D행사
⑤ E행사

20. 다음 글과 <상황>을 근거로 판단할 때, 甲과 乙이 각각 지불한 배송 전체 요금의 차이는?

○ A물류회사는 드론을 이용한 배송 서비스를 운영하고 있다.
○ 드론 배송 전체 요금은 기본 요금과 추가 요금을 합하여 계산한다.
○ 기본요금은 배송 거리에 따라 다음과 같이 책정된다.

배송 거리	기본 요금
3km 미만	5,000원
3km 이상 ～ 7km 미만	7,500원
7km 이상 ～ 10km 미만	12,000원

○ 추가 요금은 배송 시간대와 배송 물품의 무게에 따라 다음과 같이 책정되며, 배송 시간대는 배송 출발 시각을 기준으로 구분된다.

1) 배송 시간대

배송 시간대	추가 요금
주간(09:00 ～ 18:00)	없음
야간(18:00 ～ 22:00)	기본 요금의 20%
심야(22:00 ～ 09:00)	기본 요금의 50%

2) 배송 물품 무게

배송 물품 무게	추가 요금
1kg 이하	없음
1kg 초과	1kg 초과분에 대하여 0.5kg당 1,500원

○ 긴급 배송은 최단시간 내에 배달되는 특급 서비스로, 배송 전체 요금(기본 요금+추가 요금)의 30%가 가산된다.

<상 황>

甲은 A물류회사를 통해 6.5km 거리에 있는 회사로 0.6kg인 중요 서류를 긴급 배송 신청했으며, 배송 출발 시각은 오후 9시 30분이었다.

乙은 A물류회사를 통해 9.8km 거리에 있는 거래처로 3.5kg인 샘플 제품을 배송 신청했으며, 배송 출발 시각은 오전 10시 15분이었다.

① 6,400원
② 7,800원
③ 8,200원
④ 9,400원
⑤ 10,800원

21. 다음 글을 근거로 판단할 때, <보기>에서 옳은 것만을 모두 고르면?

한 영화 제작사에서 신작 영화의 주요 배역 4개(주인공, 조연 1, 조연 2, 악역)를 6명의 배우(A, B, C, D, E, F)에게 배정하려고 한다. 캐스팅 조건은 다음과 같다.

○ 모든 배우는 최대 1개의 역할만 맡을 수 있으며, 각자 희망하는 역할에만 지원할 수 있다.
○ 각 역할에는 한 명의 배우가 캐스팅되어야 한다.
○ A와 B는 주인공 역할에만 지원했다.
○ C와 D는 조연 1 역할과 조연 2 역할에 모두 지원했다.
○ E는 조연 1 역할과 악역에 지원했다.
○ F는 주인공 역할과 악역에 지원했다.
○ 감독은 캐스팅 과정에서 다음 원칙을 추가했다.
  - B와 C가 함께 캐스팅된다면, D는 반드시 캐스팅되어야 한다.
  - A와 F가 모두 캐스팅된다면, E는 캐스팅될 수 없다.
  - C와 D가 모두 캐스팅된다면, 한 명은 조연 1, 다른 한 명은 조연 2를 맡아야 한다.
○ 최종 캐스팅 결과, A, C, E, F 중 3명이 캐스팅되었다.

<보 기>

ㄱ. B는 주인공에 캐스팅되었다.
ㄴ. C와 D는 모두 캐스팅되었다.
ㄷ. A와 F 중 한 사람만 캐스팅되는 경우는 없다.
ㄹ. E는 조연 1에 캐스팅되었다.

① ㄴ
② ㄹ
③ ㄱ, ㄹ
④ ㄴ, ㄷ
⑤ ㄴ, ㄷ, ㄹ

22. 다음 글과 <대화>를 근거로 판단할 때, (가)에 해당하는 수는?

甲～戊 다섯 명은 비밀번호가 걸린 금고를 열기 위한 게임을 하고 있다. 금고의 비밀번호는 다음과 같은 특징을 가진다.

○ 비밀번호는 1～9 사이의 서로 다른 네 자리 숫자로 이루어져 있다.
○ 비밀번호에 포함된 4개 숫자의 합은 20이다.
○ 각 참가자는 1～9 사이 두 숫자를 선택하여 제시한다.
○ 두 숫자가 비밀번호에 모두 포함되어 있으면 "정확", 한 숫자만 포함되어 있으면 "부분", 둘 다 포함되어 있지 않으면 "오류"라고 안내받는다.

<대 화>

甲: 나는 4와 9를 제시했고, "부분"이라고 안내받았어.
乙: 나는 3과 7을 제시했고, "부분"이라고 안내받았어.
丙: 나는 1과 6을 제시했고, "부분"이라고 안내받았어.
丁: 나는 4와 5를 제시했고, "부분"이라고 안내받았어.
戊: 나는 2와 8을 제시했고, "부분"이라고 안내받았어.
甲: 너희 말을 들으니 비밀번호에 포함된 숫자 중 가장 큰 수와 가장 작은 수의 차이는 (가) 임을 알겠어.

① 4
② 5
③ 6
④ 7
⑤ 8

23. 다음 글을 근거로 판단할 때, A ~ C제품의 연간 총판매량의 최댓값은?

> 기업 甲은 세 종류의 제품 A, B, C를 판매하고 있으며, 각 제품의 단가와 연간 판매량에 대한 정보는 다음과 같다.
>
> ○ A제품의 단가는 B제품보다 2만 원 더 비싸고, B제품의 단가는 C제품보다 1만 원 더 비싸다.
> ○ B제품의 연간 판매량은 A제품의 연간 판매량의 2배이다.
> ○ C제품의 연간 판매량은 A제품과 B제품의 연간 판매량의 평균보다 20개 더 많다.
> ○ 세 제품의 총매출은 4,200만 원이다.
> ○ 판매량과 단가는 모두 자연수이며, 단가는 만 원 단위로 형성된다.
> ○ A제품의 연간 판매량은 10의 배수이며, C제품의 단가는 10만 원 단위이다.

① 110개
② 200개
③ 290개
④ 380개
⑤ 470개

24. 다음 글을 근거로 판단할 때, <보기>에서 옳은 것만을 모두 고르면?

> 농업기술센터는 지역 특산물 품평회를 개최하기 위해 출품작을 평가하여 한 개의 최우수 특산물을 선정하려고 한다. 각 출품작은 맛, 영양, 지역성, 상품성, 혁신성 5가지 항목으로 평가되며, 각 항목은 1 ~ 5점으로 채점된다. 최우수 특산물 선정 기준은 다음과 같다.
>
> ○ 5개 항목 점수를 합한 총점이 가장 높은 출품작을 선정한다.
> ○ 총점이 동일할 경우, 맛 점수가 가장 높은 출품작을 선정한다.
> ○ 맛 점수도 동일할 경우, 영양 점수가 가장 높은 출품작을 선정한다.
> ○ 영양 점수도 동일할 경우, 접수번호가 낮은 출품작을 선정한다.
> ○ 5개 출품작(A ~ E)의 평가 결과는 다음과 같다.

출품작	접수번호	평가항목(점)				
		맛	영양	지역성	상품성	혁신성
A	1번	5	3	4	5	㉠
B	5번	4	5	4	3	4
C	3번	4	3	5	㉡	4
D	4번	3	5	5	3	5
E	2번	㉢	3	4	5	5

<보 기>

ㄱ. ㉠이 5점인 경우 A는 최우수 특산물로 선정된다.
ㄴ. 지역성 항목이 평가에서 제외되는 경우 C는 최우수 특산물로 선정될 수 있다.
ㄷ. ㉢이 ㉡보다 작은 경우 E는 최우수 특산물로 선정될 수 없다.

① ㄱ
② ㄴ
③ ㄱ, ㄴ
④ ㄱ, ㄷ
⑤ ㄴ, ㄷ

25. 다음 글을 근거로 판단할 때, □□사가 생산할 우주발사체 모델과 해당 모델 1대의 예상 순이익을 옳게 짝지은 것은?

○ 우주발사체를 개발·운용 하는 □□사에서는 신형 우주발사체 모델 A ~ C 중 예상 순이익이 가장 많은 모델 하나를 생산하고자 한다.
○ 예상 순이익은 예상 총수익에서 예상 총비용을 뺀 값을 의미한다.
○ 예상 총수익은 1회 발사당 기대수익에 폐기할 때까지 발사할 횟수를 곱하여 산출한다.
○ 예상 총비용은 생산비와 폐기할 때까지 들게 될 연료비 및 정비비를 합하여 산출한다.
○ 신형 우주발사체 모델 A ~ C는 모두 재사용이 가능하다.
○ □□사의 모든 우주발사체는 다음의 과정에 따라 운용된다.
 1) 생산: 이 과정에서 생산비가 투입된다.
 2) 연료 주입: 이 과정에서 해당 회차의 연료비가 투입된다.
 3) 발사 후 복귀: 복귀 직후에 해당 회차의 정비비가 산정된다. 산정된 해당 회차의 정비비가 1회 발사당 기대수익의 80% 이하라면 4)로, 80%를 초과하면 6)으로 넘어간다.
 4) 정비: 이 과정에서 해당 회차의 정비비가 투입된다.
 5) 연료 주입 단계로 돌아간다.
 6) 폐기: 해당 우주발사체를 폐기한다.
○ 다음은 신형 우주발사체 모델별 1대의 생산비, 연료비, 정비비, 1회 발사당 기대수익에 관한 정보이다.

(단위: 억 원)

항목 \ 모델	A	B	C
생산비	600	900	1,250
연료비	20n	30n	35n
정비비	25n	20n+50	40n
1회 발사당 기대수익	300	350	450

※ n은 발사된 횟수를 의미한다.

	우주발사체 모델	예상 순이익
①	A	1,075억 원
②	A	1,175억 원
③	B	1,070억 원
④	C	1,100억 원
⑤	C	1,150억 원

약점 보완 해설집 p.9

시험일: _____년 _____월 _____일

국가공무원 7급 공개경쟁채용 1차 필기시험 모의고사

| 자료해석영역 |

2교시

응시번호	
성명	

문제책형 ㉮

응시자 주의사항

1. **시험시작 전 시험문제를 열람하는 행위나 시험종료 후 답안을 작성하는 행위를 한 사람**은 「공무원 임용시험령」 제51조에 의거 **부정행위자**로 처리됩니다.

2. **답안지 책형 표기는 시험시작 전** 감독관의 지시에 따라 **문제책 앞면에 인쇄된 문제책형을 확인**한 후, **답안지 책형란에 해당 책형(1개)**을 '●'로 **표기**하여야 합니다.

3. 시험이 시작되면 문제를 주의 깊게 읽은 후, **문항의 취지에 가장 적합한 하나의 정답만을 고르며**, 문제내용에 관한 질문은 할 수 없습니다.

4. **답안을 잘못 표기하였을 경우**에는 **답안지를 교체하여 작성**하거나 **수정할 수 있으며**, 표기한 답안을 수정할 때는 **응시자 본인이 가져온 수정테이프만을 사용**하여 해당 부분을 완전히 지우고 부착된 수정테이프가 떨어지지 않도록 손으로 눌러주어야 합니다. **(수정액 또는 수정스티커 등은 사용 불가)**

5. **시험시간 관리의 책임은 응시자 본인에게 있습니다.**
※ 문제책은 시험종료 후 가지고 갈 수 있습니다.

정답공개 및 해설강의 안내

1. 모바일 자동 채점 및 성적 분석 서비스
   - '약점 보완 해설집'에 수록된 QR코드 인식 ▶ 응시 인원 대비 자신의 성적 위치 확인

2. 해설강의 수강 방법
   - 해커스PSAT 사이트(psat.Hackers.com) 접속 후 로그인 ▶ 우측 퀵배너 [쿠폰/수강권등록] 클릭 ▶ '약점 보완 해설집'에 수록된 쿠폰번호 입력 후 이용

해커스PSAT

1. 다음 <표>는 2024년 '갑'국의 소득 분위별 총자산과 부채에 관한 자료이다. 이를 근거로 부채 비율이 가장 높은 소득 분위와 가장 낮은 소득 분위를 바르게 연결한 것은?

<표> 2024년 '갑'국의 소득 분위별 총자산과 부채

(단위: 백만 원)

구분 / 소득 분위	총자산	부채
1분위	50	20
2분위	80	30
3분위	120	40
4분위	200	50
5분위	300	60

※ 1) 순자산 = 총자산 - 부채

2) 부채 비율(%) = $\frac{부채}{순자산} \times 100$

	가장 높은 소득 분위	가장 낮은 소득 분위
①	1분위	3분위
②	1분위	4분위
③	1분위	5분위
④	2분위	4분위
⑤	2분위	5분위

2. 다음 <그림>은 2024년 '갑' 쇼핑몰의 구역별 면적 및 단위 면적당 에너지 소비량을 나타낸 자료이다. 이를 근거로 계산한 2024년 '갑' 쇼핑몰 전체 구역의 평균 에너지 소비량은?

<그림> 구역별 면적 및 단위 면적당 에너지 소비량

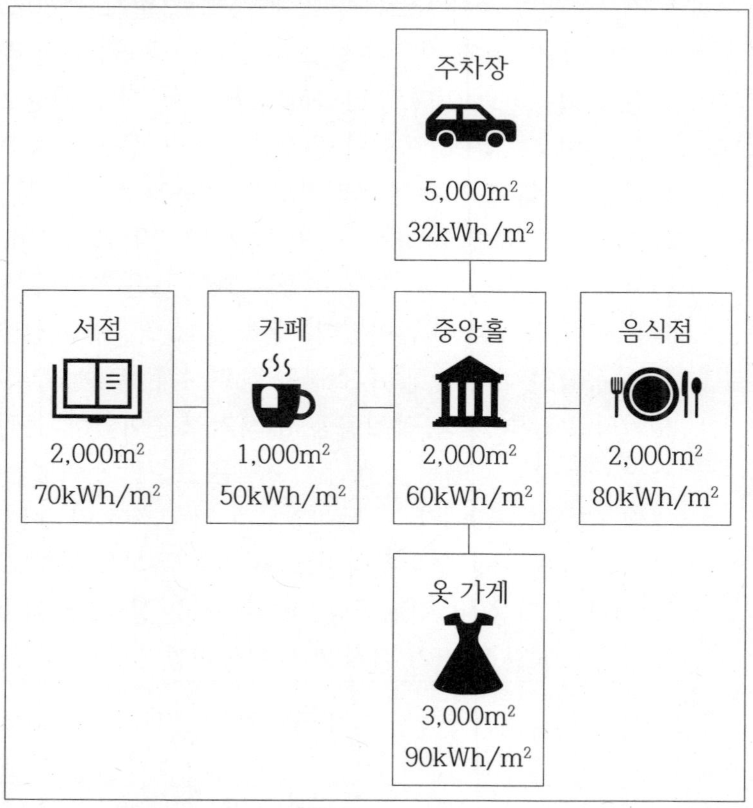

① 55kWh/m^2

② 60kWh/m^2

③ 65kWh/m^2

④ 70kWh/m^2

⑤ 75kWh/m^2

3. 다음 <보고서>는 '갑'도 지역 주민의 2024년 1분기 온라인 쇼핑 이용 현황에 관한 자료이다. <보고서>를 작성하는 데 사용되지 않은 자료는?

<보고서>

'갑'도 지역 주민 2,500명을 대상으로 실시한 2024년 1분기 온라인 쇼핑 이용 현황 조사 결과, 1,705명이 온라인 쇼핑을 이용하고 있다고 응답하였다. 이는 전국 평균보다 높은 수치로, '갑'도 지역의 온라인 쇼핑 이용률이 높음을 보여준다. '갑'도의 전체 온라인 쇼핑 이용자 수에서 A～E 지역 온라인 쇼핑 이용자 수가 차지하는 비중의 지역 간 편차도 크지 않았으며, 해당 비중이 가장 높은 지역이 가장 낮은 지역의 2배 미만이었다. 온라인 쇼핑 이용 경험이 있는 응답자가 가장 많이 쇼핑한 상위 4개 분야는 기타를 제외하고 의류, 식품, 생활용품, 전자기기 순이었다. 온라인 쇼핑 이용자들의 월평균 쇼핑 지출액은 28.7만 원이었는데, 연령대별로는 30대가 32.5만 원으로 가장 지출이 높았다. 온라인 쇼핑 이용자의 온라인 쇼핑 이용 목적을 살펴보면, '할인 혜택 활용'이 30% 이상이었고, '시간 절약'과 '다양한 제품의 선택권 확보'가 각각 20% 이상이었다.

① 온라인 쇼핑 이용자의 쇼핑 분야별 구성비

(단위: %)

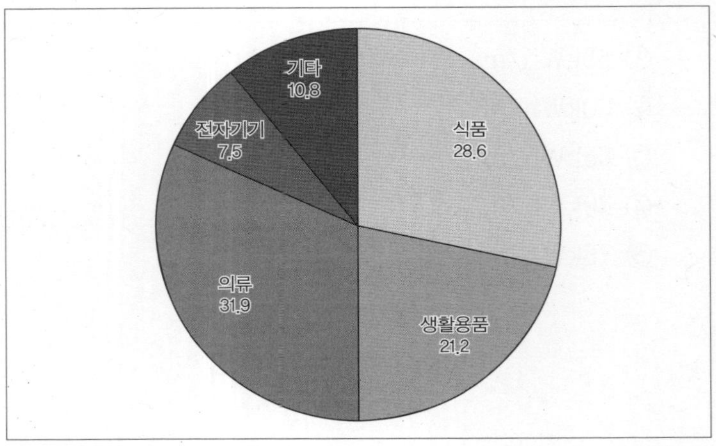

② 온라인 쇼핑 이용자의 온라인 쇼핑 이용 목적 상위 3개 비율

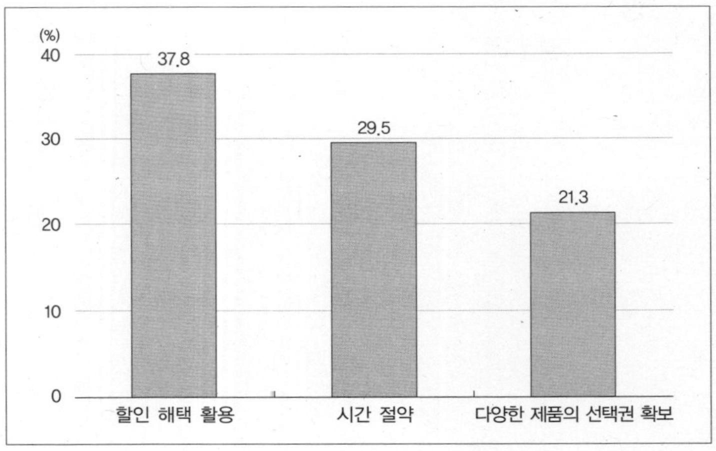

③ 온라인 쇼핑 이용자의 연령대별 월평균 쇼핑 지출액

(단위: 만 원)

연령대	20대 이하	30대	40대	50대	60대 이상	전체
월평균 쇼핑 지출액	25.6	32.5	30.8	20.7	18.4	28.7

④ 지역별 온라인 쇼핑 이용자 비중

(단위: %)

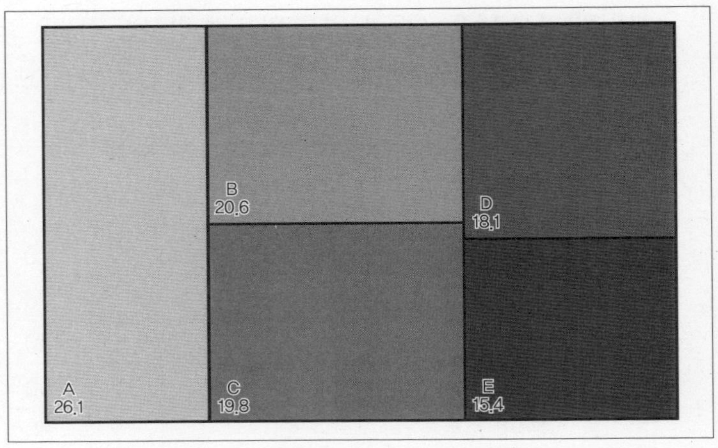

⑤ 온라인 쇼핑몰 인지 경로 상위 4개 비율

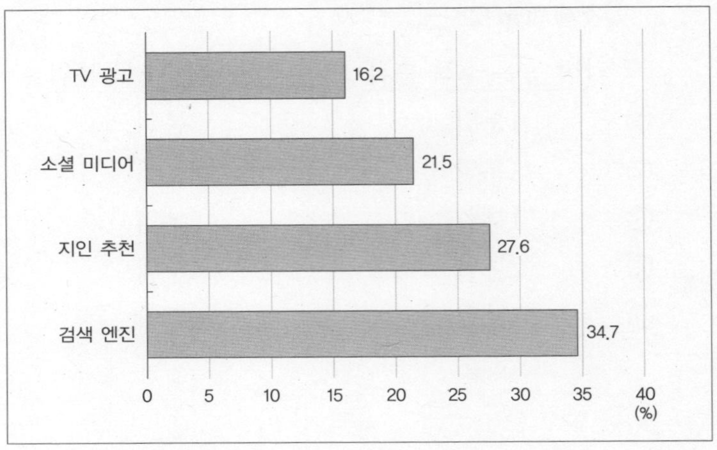

4. 다음은 2024년 '갑'국의 지역별 월간 순유입 예상 인원 산정에 관한 자료이다. 이를 근거로 지역 A～D 중 산정된 월간 순유입 예상 인원이 가장 많은 지역과 가장 적은 지역을 바르게 연결한 것은?

<정 보>

○ 월간 순유입 예상 인원 = 취업 확정자 수 + (부동산 투자 이민자 수×2) + (해외 전문 인력 유치 건수×유치 건당 평균 추가 유입 인원)

○ 유치 건당 평균 추가 유입 인원: 5명/건

<표> 월간 순유입 예상 인원 산정 지역 현황

(단위: 명, 건)

지역	취업 확정자 수	부동산 투자 이민자 수	해외 전문 인력 유치 건수
A	152	36	7
B	176	28	6
C	145	42	8
D	168	32	5

	가장 많은 지역	가장 적은 지역
①	A	D
②	B	A
③	B	C
④	C	B
⑤	C	D

5. 다음은 '갑'국의 대학 진학 통계에 관한 자료이다. 제시된 <표>와 <정보> 이외에 <보고서>를 작성하기 위해 추가로 필요한 자료만을 <보기>에서 모두 고르면?

<표> 2023년과 2024년 대학 진학률 및 대학 진학자 수

(단위: %, 만 명)

연도	2023	2024
대학 진학률	68.5	70.2
대학 진학자 수	30.8	30.7

<정 보>

$$\text{대학 진학률(\%)} = \frac{\text{대학 진학자 수}}{\text{고교 졸업자 수}} \times 100$$

<보고서>

'갑'국의 대학 진학률은 2023년 68.5%에서 2024년 70.2%로 1.7%p 상승했다. 2024년 성별 대학 진학률은 남학생과 여학생 모두 전년 대비 상승했으나, 성별 격차는 더 커진 것으로 나타났다. 2024년 지역별 대학 진학률을 살펴보면, 상위 3개 지역은 A(78.5%), B(76.2%), C(74.8%)로 나타났다. 반면, 대학 진학률이 가장 낮은 지역은 E로 62.1%였다. 또한, 고교 졸업자 수와 대학 진학자 수는 모두 2023년 대비 2024년에 감소하였다.

※ '갑'국의 지역은 A ~ E 5개로만 구분됨.

<보 기>

ㄱ. 2023년과 2024년 '갑'국의 성별 대학 진학률

(단위: %)

성별 \ 연도	2023	2024
남학생	65.8	67.3
여학생	71.2	73.1

ㄴ. 2023년과 2024년 '갑'국의 고교 졸업자 수

(단위: 만 명)

연도	2023	2024
고교 졸업자 수	45.0	43.7

ㄷ. 2024년 '갑'국의 지역별 대학 진학률

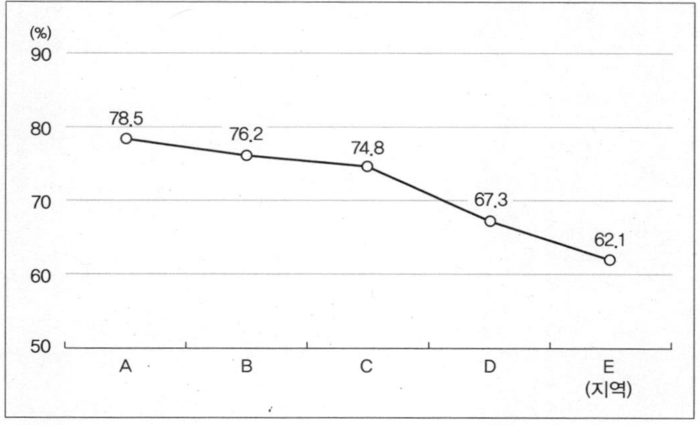

ㄹ. 2023년과 2024년 '갑'국의 대학 유형별 대학 진학자 비율

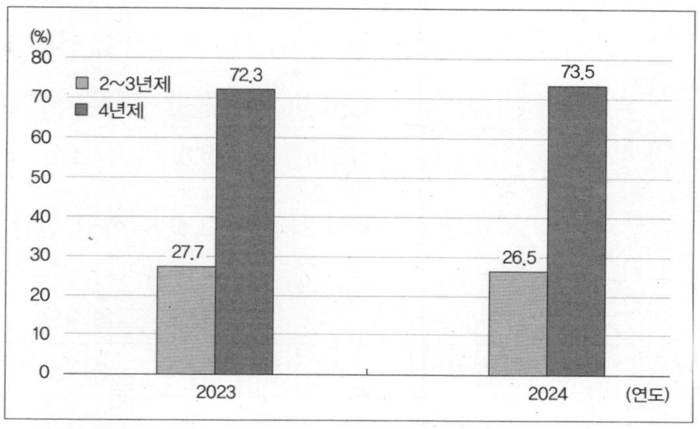

① ㄱ, ㄷ
② ㄱ, ㄹ
③ ㄴ, ㄷ
④ ㄴ, ㄹ
⑤ ㄱ, ㄴ, ㄷ

6. 다음은 '갑'회사가 신입사원 채용을 위해 지원자 A ~ E를 평가한 자료이다. 이를 근거로 A ~ E 중 '갑'회사가 채용할 지원자를 고르면?

<표> 지원자 A ~ E의 평가요소별 점수

(단위: 점)

평가요소 \ 지원자	A	B	C	D	E
전공 적합성	92	94	78	84	90
직무 경험	85	68	91	82	77
실무 능력	86	82	76	88	90
의사소통 능력	90	88	92	77	84
인성검사	우수	보통	우수	우수	미흡
외국어 능력	보통	미흡	보통	우수	우수

<채용 기준>

○ '인성검사'에서 '미흡'을 받은 지원자는 채용 대상에서 제외한다.

○ 평가점수는 '전공 적합성'과 '실무 능력'은 30%, '직무 경험'과 '의사소통 능력'은 20%의 가중치로 산출한다.

○ '외국어 능력'이 '우수'인 경우 평가점수에 5점을 가산하고, '미흡'인 경우 평가점수에 5점을 감점한다.

○ 최종 평가점수가 가장 높은 지원자를 채용하되, 동점인 경우 그중 '실무 능력' 점수가 가장 높은 지원자를 신입사원으로 채용한다.

① A
② B
③ C
④ D
⑤ E

7. 다음 <표>는 2024년 '갑'국의 디지털 전환 현황에 관한 자료이다. 제시된 <표> 이외에 <보고서>를 작성하기 위해 추가로 필요한 자료만을 <보기>에서 모두 고르면?

<표 1> 2024년 '갑'국의 산업별 디지털 전환 지수

산업	제조업	금융업	유통업	공공서비스	의료·건강
지수	73.2	82.5	76.8	68.4	65.7

<표 2> 2024년 '갑'국의 기업 규모별 디지털 전환 투자액

(단위: 억 달러)

기업 규모	투자액
대기업	217.5
중견기업	83.4
중소기업	41.2

<표 3> 2024년 '갑'국의 디지털 기술별 활용률

(단위: %)

기술	AI	클라우드	빅데이터	IoT	블록체인	메타버스
활용률	41.3	78.5	65.2	48.9	23.4	18.7

<보고서>

'갑'국의 디지털 전환 현황을 분석한 결과, 디지털 전환 지수는 2020년 대비 2024년에 약 30%의 증가율을 보였다. 2024년 산업별 디지털 전환 지수는 금융업이 가장 높고, 의료·건강이 가장 낮은 것으로 나타났다. 2024년 지역별 디지털 전환 투자액 비중을 살펴보면, A지역과 B지역의 합이 전체 디지털 전환 투자액의 70% 이상을 차지하고 있다. 특히 A지역은 금융업 중심의 디지털 전환이 활발하게 이루어지면서 '갑'국 전체 디지털 기술 인력의 38%가 집중되어 있다. 2024년 디지털 기술별 활용 현황에서는 클라우드와 빅데이터가 60% 이상의 높은 활용률이 나타나는 반면, 신기술인 메타버스와 블록체인은 25% 미만으로 상대적으로 낮은 수준을 보인다. 2024년 기업 규모별로는 대기업의 디지털 전환 투자액이 중소기업보다 5배 이상 높아 규모에 따른 디지털 격차가 여전히 존재한다.

<보 기>

ㄱ. '갑'국의 연도별 디지털 전환 지수

연도	2020	2021	2022	2023	2024
지수	56.4	60.3	64.9	68.5	73.3

ㄴ. 2024년 '갑'국의 지역별 디지털 전환 투자액 비중

(단위: %)

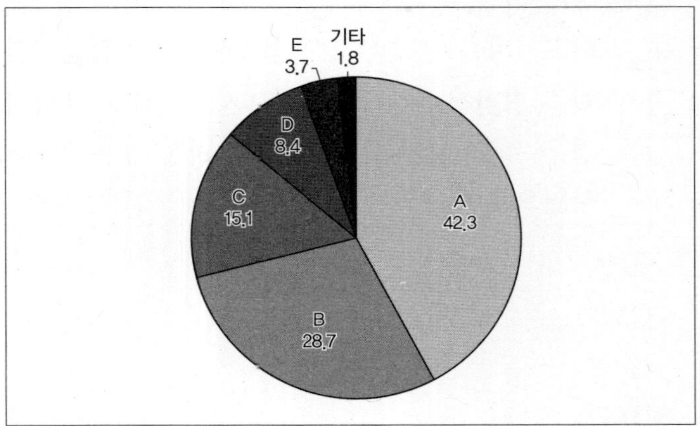

ㄷ. '갑'국의 지역별 디지털 기술 인력 분포 비율

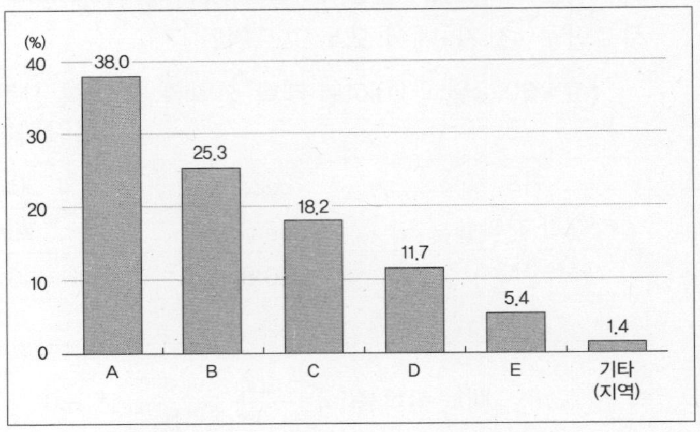

ㄹ. 2024년 '갑'국의 기업 규모별 디지털 기술 활용 지수 비교

기업 규모	AI	클라우드	빅데이터	IoT	블록체인	메타버스
대기업	1.00	1.00	1.00	1.00	1.00	1.00
중견기업	0.65	0.78	0.71	0.62	0.51	0.45
중소기업	0.38	0.52	0.43	0.35	0.29	0.23

※ 대기업을 기준으로 비교함.

① ㄱ, ㄴ

② ㄴ, ㄷ

③ ㄷ, ㄹ

④ ㄱ, ㄴ, ㄷ

⑤ ㄱ, ㄷ, ㄹ

8. 다음은 2024년 '갑'국 주요 6개 지역의 신재생 에너지 투자 현황에 관한 자료이다. 이를 근거로 A ~ C에 해당하는 지역을 바르게 연결한 것은?

<표> 2024년 '갑'국 주요 6개 지역의 신재생 에너지의 부문별 투자액 및 전년 대비 증가율

(단위: 억 달러, %)

지역 \ 구분	신재생 에너지 부문별 투자액				전년 대비 증가율
	태양광	풍력	수소 에너지	바이오 에너지	
A	487	321	152	98	21.6
레드	283	406	87	73	14.5
B	196	243	127	64	26.8
블루	167	194	76	79	9.3
옐로우	143	263	58	46	15.2
C	129	174	53	41	18.7

※ '갑'국의 신재생 에너지 부문은 제시된 4개뿐임.

<정 보>

○ 2024년 '갑'국의 주요 6개 지역은 '레드', '옐로우', '그린', '블루', '퍼플', '화이트'이다.

○ '수소 에너지' 투자액이 해당 지역 신재생 에너지 전체 투자액의 20% 이상인 지역은 '그린'뿐이다.

○ 신재생 에너지 부문별로 투자액이 높은 지역부터 순서대로 나열하면, '태양광' 투자액의 순위와 '바이오 에너지' 투자액의 순위가 같은 지역은 '옐로우', '퍼플', '화이트'이다.

○ 제시된 지역 중 신재생 에너지 투자액의 전년 대비 증가율 상위 2개 지역은 '그린', '퍼플'이다.

	A	B	C
①	퍼플	그린	화이트
②	그린	퍼플	화이트
③	그린	화이트	퍼플
④	화이트	퍼플	그린
⑤	화이트	그린	퍼플

9. 다음 <표>는 2019 ~ 2024년 A국의 가계소득 및 가계지출 현황에 관한 자료이다. 이에 대한 설명으로 옳은 것은?

<표 1> 2019 ~ 2024년 A국의 가계소득 현황

(단위: 만 원)

구분 \ 연도	2019	2020	2021	2022	2023	2024
전체	4,520	( )	4,750	5,010	5,240	5,360
근로소득	3,120	3,220	3,180	3,350	3,480	3,560
사업소득	850	880	840	910	970	980
재산소득	250	270	310	320	350	370
공적이전소득	300	310	( )	430	440	450

※ 가계소득은 '근로소득', '사업소득', '재산소득', '공적이전소득'으로만 구분됨.

<표 2> 2019 ~ 2024년 A국의 가계지출 현황

(단위: 만 원)

구분 \ 연도	2019	2020	2021	2022	2023	2024
전체	3,780	3,920	3,650	3,910	4,160	4,290
소비지출	3,100	3,220	2,980	3,150	( )	3,490
비소비지출	680	700	670	760	780	( )

① 비소비지출 대비 전체 가계소득의 비율은 2020년이 2021년보다 높다.

② 2019년부터 2024년까지 전체 가계소득에서 공적이전소득이 차지하는 비중이 가장 높은 해는 2022년이다.

③ 전체 가계지출에서 소비지출이 차지하는 비중은 2019년이 2022년보다 낮다.

④ 2020년부터 2024년까지 전체 가계소득 중 근로소득과 사업소득을 합한 가계소득이 차지하는 비중이 가장 낮은 해는 2021년이다.

⑤ 2024년에 소비지출과 비소비지출의 전년 대비 증가액은 같다.

10. 다음 <표>는 2019 ~ 2024년 행성별 탐사선 착륙 데이터에 관한 자료이다. 이를 바탕으로 작성한 <보고서>의 A ~ C에 해당하는 내용을 바르게 연결한 것은?

<표> 2019 ~ 2024년 행성별 탐사선 착륙 데이터

(단위: 대, 일, %, kg, TB)

구분 행성	발사 탐사선 수	평균 착륙 소요일	착륙 성공률	샘플 채취량	데이터 전송량
네오	12	45	83	18	455
아쿠아	8	72	75	26	380
테라	15	38	67	14	620
마그마	7	95	57	32	210
크로노스	10	60	90	23	544

<보고서>

2019년부터 2024년까지 실시된 외계 행성 탐사 미션의 성과를 분석한 결과, 총 52대의 탐사선이 발사되었고 이 중 약 75%가 목표 행성에 성공적으로 착륙했다. 평균 착륙 소요일은 행성별로 큰 차이를 보였으며, 각 행성의 특성과 거리에 따라 도달 시간이 달라졌고 가장 짧은 평균 착륙 소요일을 기록한 행성은 [A]였다. 샘플 채취량에서는 마그마 행성이 가장 높은 수치를 기록했는데, 이는 테라와 [B]에서 채취한 샘플의 합과 같다. 착륙 성공률이 높은 행성부터 순서대로 나열했을 때와 데이터 전송량이 많은 행성부터 순서대로 나열했을 때 순위가 같은 행성은 [C]뿐이다.

	A	B	C
①	테라	크로노스	아쿠아
②	테라	네오	아쿠아
③	테라	네오	마그마
④	아쿠아	크로노스	마그마
⑤	아쿠아	네오	마그마

11. 다음 <표>는 2020 ~ 2024년 '갑'국의 스마트폰 이용 현황에 관한 자료이다. 이에 대한 <보기>의 설명 중 옳은 것만을 모두 고르면?

<표 1> 2020 ~ 2024년 '갑'국의 연령대별 스마트폰 보유율

(단위: %)

연도 연령대	2020	2021	2022	2023	2024
10대	94.2	95.8	97.1	98.3	99.1
20대	99.8	99.9	99.9	99.9	100.0
30대	98.9	99.2	99.4	99.6	99.8
40대	96.7	97.8	98.4	98.9	99.3
50대	89.3	92.1	94.2	95.8	97.1
60대	67.2	72.5	78.1	82.9	86.4
70대 이상	31.8	38.7	45.2	52.6	58.9

<표 2> 2024년 '갑'국의 남성과 여성의 용도별 스마트폰 이용률

(단위: %)

구분 용도	남성	여성	전체
통화 및 문자	96.9	98.7	97.8
인터넷 검색	91.2	93.6	92.4
SNS 이용	85.3	94.1	89.7
동영상 시청	89.8	84.6	87.2
온라인 쇼핑	72.4	85.4	78.9
모바일 게임	71.2	57.8	64.5
금융 서비스	83.7	78.9	81.3
교통	79.1	74.5	76.8
음악 감상	66.8	72.0	69.4
전자책	48.9	55.3	52.1

※ '갑'국의 스마트폰 이용자 전체를 대상으로 조사한 결과임.

<보 기>

ㄱ. 2021년 이후 스마트폰 보유율은 모든 연령대에서 매년 전년 대비 증가하였다.

ㄴ. 2024년 '갑'국의 스마트폰 이용자 수는 남성과 여성이 같다.

ㄷ. 2020년 대비 2023년 스마트폰 보유율의 증가폭이 가장 큰 연령대는 '70대 이상'이다.

① ㄴ
② ㄷ
③ ㄱ, ㄴ
④ ㄱ, ㄷ
⑤ ㄴ, ㄷ

12. 다음 <표>는 2020 ~ 2023년 A시 공공도서관 운영 현황에 관한 자료이다. 이에 대한 설명으로 옳지 않은 것은?

<표> 2020 ~ 2023년 A시 공공도서관 운영 현황

(단위: 관, 명, 권)

구분 \ 연도	2020	2021	2022	2023
도서관 수	25	27	30	32
방문자 수	850,000	720,000	940,000	1,120,000
대출자 수	320,000	285,000	380,000	465,000
대출 권수	1,280,000	1,140,000	1,520,000	1,860,000

① 2021년 이후 도서관 수는 매년 전년 대비 증가하였다.

② 도서관 1관당 방문자 수가 가장 적은 해는 2021년이다.

③ 2021년 이후 대출자 수의 전년 대비 증가율이 가장 높은 해는 2023년이다.

④ 2020년 이후 대출자 1명당 대출 권수는 매년 4권으로 같다.

⑤ 2021년 대비 2023년 도서관 1관당 대출 권수는 30% 이상 증가하였다.

13. 다음 <그림>은 2024년 주요 국가별 외국인 체류 자격 및 체류 기간에 관한 자료이다. 이에 대한 설명으로 옳지 않은 것은?

<그림> 2024년 주요 국가별 외국인 체류 자격 및 체류 기간

국가 \ 구분	단기 체류	장기 체류	영주권 취득	취업	가족 동반	최대 체류 기간
A	🙂	🙂	😌	😐	😌	5년
B	🙂	😌	😌	☹	☹	3개월
C	🙂	🙂	😐	🙂	🙂	10년
D	🙂	🙂	☹	😐	😐	3년
E	😐	😐	🙂	😌	🙂	제한 없음
F	😌	🙂	😌	🙂	😌	7년

🙂 제한 없음 😐 부분 허용 😌 조건부 허용 ☹ 불허

① A국은 단기 체류와 장기 체류가 모두 제한이 없지만, 영주권 취득은 조건부 허용된다.

② C국은 가족 동반과 취업에 제한이 없고, A ~ F국 중 최대 체류 기간이 가장 길다.

③ 최대 체류 기간이 세 번째로 긴 국가는 '조건부 허용' 항목의 수가 A ~ F국 중 가장 많다.

④ 영주권 취득이 가장 용이한 국가는 E국으로, 최대 체류 기간에 제한이 없다.

⑤ A ~ F국 전체의 '제한 없음' 항목의 수는 '부분 허용' 항목의 수의 2배 이상이다.

14. 다음 <표>는 2020 ~ 2024년 '갑'국의 근로자 규모별 기업 현황 및 근로 지표에 관한 자료이다. 이에 대한 설명으로 옳지 않은 것은?

<표> 근로자 규모별 기업 현황 및 근로 지표

(단위: 개, 시간, 만 원)

구분	근로자 규모 \ 연도	2020	2021	2022	2023	2024
기업체 수	50인 미만	784,235	791,462	802,437	815,326	825,784
	50인 이상 300인 미만	42,783	43,256	43,942	45,279	48,128
	300인 이상	4,682	4,725	4,831	4,976	5,043
월평균 근로 시간	50인 미만	174.2	168.5	165.7	163.2	160.8
	50인 이상 300인 미만	170.6	164.3	161.8	160.1	158.7
	300인 이상	165.3	159.7	157.2	155.6	154.2
평균 임금	50인 미만	242	251	266	281	292
	50인 이상 300인 미만	318	326	342	358	372
	300인 이상	456	473	495	517	538

① 근로자 규모가 '300인 이상'인 기업체 수는 매년 증가하였다.

② 2021년 이후 근로자 규모가 '50인 미만'인 기업의 평균 임금 대비 근로자 규모가 '300인 이상'인 기업의 평균 임금의 비율은 매년 1.5 이상이다.

③ 제시된 근로자 규모별 기업 중 2020년 대비 2024년 월평균 근로시간의 감소폭이 가장 작은 기업은 '300인 이상'이다.

④ 근로자 규모가 '300인 이상'인 기업체 수 대비 근로자 규모가 '50인 이상 300인 미만'인 기업체 수의 비율은 2024년이 2022년보다 높다.

⑤ 제시된 근로자 규모별 기업 중 2021년과 2023년의 평균 임금 격차가 가장 큰 기업은 '50인 이상 300인 미만'이다.

15. 다음은 2020 ~ 2023년 국가별 전기차 등록 현황에 관한 자료이다. 이를 근거로 A ~ E국 중 '갑'국에 해당하는 국가를 고르면?

<표 1> 2020 ~ 2023년 국가별 전기차 등록 대수

(단위: 천 대)

국가 \ 연도	2020	2021	2022	2023
A	125	186	246	358
B	84	142	226	315
C	56	112	184	276
D	95	165	248	372
E	42	96	168	232

<표 2> 2023년 국가별 전기차 유형별 등록 대수

(단위: 천 대)

국가 \ 구분	순수 전기차	플러그인 하이브리드	전체
A	215	143	358
B	220	95	315
C	193	83	276
D	242	130	372
E	131	101	232

<보고서>

'갑'국의 전기차 시장은 지난 4년간 꾸준한 성장을 보였다. 2020년부터 2023년까지 전기차 등록 대수는 매년 증가하여 2020년 대비 2023년에 3배 이상 증가하였다. 특히 2021년 이후 전기차 등록 대수의 전년 대비 증가폭이 가장 큰 해는 2023년이었으며, 이는 국가 차원의 보조금 정책과 충전 인프라 확대에 따른 결과로 분석된다. 2023년 기준 전기차 유형별 등록 현황을 살펴보면, 순수 전기차가 플러그인 하이브리드보다 2배 이상 많았다. 2023년 '갑'국의 플러그인 하이브리드 등록 대수가 A ~ E국 플러그인 하이브리드 등록 대수의 합에서 차지하는 비중은 17%를 초과한 것으로 나타났다.

① A

② B

③ C

④ D

⑤ E

16. 다음 <표>는 2024년 '갑'국의 도로 유형별 교통사고 현황에 관한 자료이다. 이에 대한 <보기>의 설명 중 옳은 것만을 모두 고르면?

<표> 2024년 '갑'국의 도로 유형별 교통사고 현황

(단위: 건, 명)

도로 유형	사고 건수	사망자 수	부상자 수	심각도
고속도로	7,845	254	13,267	18.5
일반국도	26,483	976	42,387	22.4
지방도	( )	1,482	69,745	19.8
시내도로	98,735	872	( )	8.6
전체	249,127	3,584	259,655	14.4

※ 1) '갑'국 도로는 '고속도로', '일반국도', '지방도', '시내도로'로만 구분됨.
2) 심각도: 부상자 100명당 중상자 수

<보 기>

ㄱ. 사고 건수 대비 사망자 수의 비율이 가장 높은 도로는 '고속도로'이다.

ㄴ. 중상자 수는 '일반국도'가 '고속도로'의 4배 이하이다.

ㄷ. 전체 사고 건수에서 '지방도' 사고 건수가 차지하는 비중은 50% 미만이다.

ㄹ. 사고 건수가 두 번째로 많은 도로와 부상자 수가 가장 많은 도로는 동일하다.

① ㄱ, ㄴ
② ㄱ, ㄷ
③ ㄴ, ㄹ
④ ㄱ, ㄷ, ㄹ
⑤ ㄴ, ㄷ, ㄹ

17. 다음 <그림>은 2024년 '갑'국의 지역별 인구밀도와 인구밀도의 전년 대비 증가율에 관한 자료이다. 이에 대한 설명으로 옳은 것은?

<그림> 2024년 '갑'국의 지역별 인구밀도 및 전년 대비 증가율

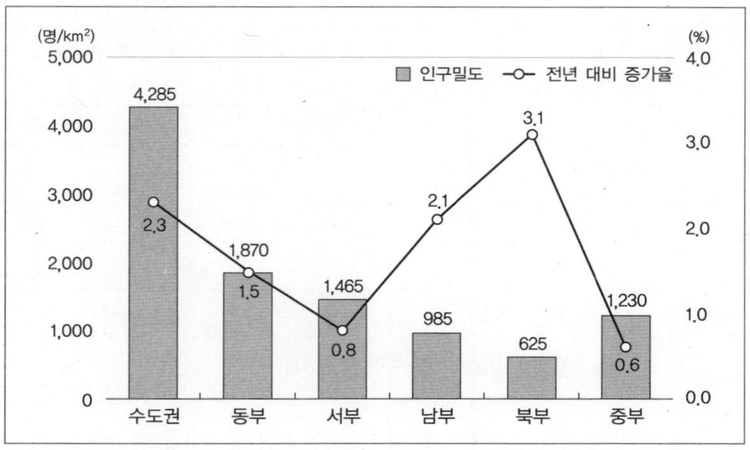

※ '갑'국의 지역은 '수도권', '동부', '서부', '남부', '북부', '중부'로만 구분됨.

① 인구밀도가 낮은 지역일수록 인구밀도의 전년 대비 증가율이 높다.

② 인구밀도의 전년 대비 증가율이 2% 미만인 지역은 2% 이상인 지역보다 많다.

③ '수도권' 지역의 인구밀도는 '동부' 지역의 인구밀도의 3배 이상이다.

④ 인구밀도의 전년 대비 증가율이 가장 높은 지역과 가장 낮은 지역의 인구밀도의 차이는 600명/km^2 미만이다.

⑤ 인구밀도의 전년 대비 증가율이 '중부' 지역과 1%p 이내로 차이나는 지역은 모두 인구밀도가 '중부' 지역보다 높다.

18. 다음 <표>는 2022년과 2024년 '갑'국의 소득계층 현황에 관한 자료이다. 이에 대한 <보기>의 설명 중 옳은 것만을 모두 고르면?

<표> 2022년과 2024년 '갑'국의 소득계층 현황

(단위: 천 가구, %)

소득계층	2022년 가구 수	2022년 대비 2024년 소득계층 이동 비율		
		상승	유지	하락
최상위층	1,240	-	84.2	15.8
상위층	2,860	12.5	73.6	13.9
중위층	5,730	14.3	68.4	17.3
하위층	3,450	21.7	78.3	-

※ 소득계층은 제시된 4가지로만 구분됨.

<보 기>

ㄱ. 2022년 최상위층에서 2024년에 계층이 하락한 가구 수는 2022년 상위층어서 2024년에 계층이 상승한 가구 수의 절반 이상이다.

ㄴ. 2022년 대비 2024년에 소득계층이 상승한 가구 수가 가장 많은 소득계층은 중위층이다.

ㄷ. 중위층 가구 수는 2022년 대비 2024년에 증가하였다.

① ㄱ
② ㄴ
③ ㄷ
④ ㄱ, ㄴ
⑤ ㄱ, ㄴ, ㄷ

19. 다음 <표>는 2019 ~ 2023년 '갑'국의 지역별 출생아 수 및 출생 성비에 관한 자료이다. 이에 대한 설명으로 옳은 것은?

<표> 2019 ~ 2023년 '갑'국의 지역별 출생아 수 및 출생 성비

(단위: 명)

지역 \ 연도	2019	2020	2021	2022	2023
A	142,562 (105.9)	131,487 (105.3)	123,854 (104.7)	117,632 (103.9)	109,475 (103.6)
B	58,741 (107.2)	54,328 (106.8)	50,927 (105.3)	47,124 (104.2)	43,586 (103.8)
C	65,897 (106.5)	61,254 (106.3)	55,376 (105.8)	51,284 (105.0)	48,125 (104.5)
D	48,236 (108.3)	43,517 (107.6)	39,842 (106.2)	36,259 (105.7)	32,784 (105.1)
E	26,973 (108.9)	24,756 (108.4)	22,148 (108.6)	19,573 (106.4)	17,825 (105.8)
전체	342,409 (106.8)	315,342 (106.2)	292,147 (105.5)	271,872 (104.7)	251,795 (104.3)

※ 괄호 안은 해당 지역의 출생 성비(여아 100명당 남아의 수)를 의미함.

① 2019 ~ 2023년 동안 A ~ E지역의 지역별 출생아 수와 출생 성비는 모두 매년 감소하였다.
② 2022년 출생 성비는 E지역이 가장 높고, B지역이 가장 낮다.
③ 2019년 대비 2023년 출생아 수 감소율이 가장 높은 지역은 D이다.
④ 2021년 전체 출생아 수에서 여아가 차지하는 비중은 50% 이상이다.
⑤ 연도별 전체 출생 성비보다 출생 성비가 높은 지역은 낮은 지역보다 매년 더 많다.

[20~21] 다음 <표>는 2020 ~ 2024년 '갑'국의 도시별 대기 환경 측정 현황에 관한 자료이다. 다음 물음에 답하시오.

<표 1> 2020 ~ 2024년 '갑'국의 도시별 대기오염물질 농도

(단위: $\mu g/m^3$)

도시	물질 \ 연도	2020	2021	2022	2023	2024
A	미세먼지	42.5	38.6	36.4	33.7	29.8
	초미세먼지	23.8	21.5	19.6	18.3	16.4
	이산화질소	34.7	32.9	30.6	28.5	25.3
B	미세먼지	38.2	35.4	33.1	32.8	28.5
	초미세먼지	20.6	19.8	18.7	17.9	15.8
	이산화질소	28.3	26.5	25.1	23.7	22.4
C	미세먼지	35.7	33.9	32.4	30.6	27.9
	초미세먼지	19.3	18.7	17.9	16.8	15.2
	이산화질소	25.6	24.8	23.9	22.1	20.5
D	미세먼지	44.8	42.3	39.5	36.2	31.4
	초미세먼지	25.9	24.1	22.7	20.3	17.5
	이산화질소	37.2	35.8	33.6	30.9	27.8

※ 각 도시의 면적은 모두 동일하고 대기오염물질 농도는 동일한 조건과 기준으로 측정됨.

<표 2> 2020 ~ 2024년 '갑'국의 도시별 대기 환경 예산 및 개선 프로그램 수

(단위: 백만 원, 건)

도시	구분 \ 연도	2020	2021	2022	2023	2024
A	예산	3,250	3,870	4,520	5,160	6,240
	프로그램 수	12	15	18	21	25
B	예산	2,840	3,120	3,580	3,950	4,680
	프로그램 수	10	12	15	17	20
C	예산	2,560	2,780	3,150	3,620	4,150
	프로그램 수	9	11	13	15	17
D	예산	3,780	4,250	4,920	5,580	6,730
	프로그램 수	14	16	19	22	26

※ '갑'국의 도시는 A ~ D뿐임.

20. 위 <표>에 대한 설명으로 옳지 않은 것은?

① 2021년 이후 모든 도시에서 미세먼지, 이산화질소 농도는 매년 전년 대비 감소하였다.

② 2022년 대비 2023년 초미세먼지 농도의 감소폭이 가장 큰 도시는 D이다.

③ 대기 환경 예산이 많은 순서에 따른 도시별 순위는 제시된 기간 동안 매년 같다.

④ 2024년 대기 환경 개선 프로그램 1건당 대기 환경 예산이 가장 많은 도시는 A이다.

⑤ 2021년 이후 대기 환경 개선 프로그램 수의 전년 대비 증감 방향은 모든 도시에서 같다.

21. 위 <표>를 이용하여 작성한 <보기>의 자료 중 옳은 것만을 모두 고르면?

<보 기>

ㄱ. 2022년 도시별 미세먼지 농도의 전년 대비 감소량

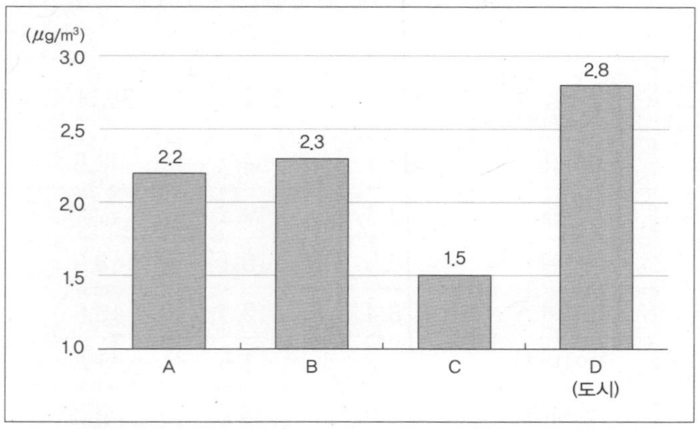

ㄴ. 연도별 대기 환경 개선 프로그램 수

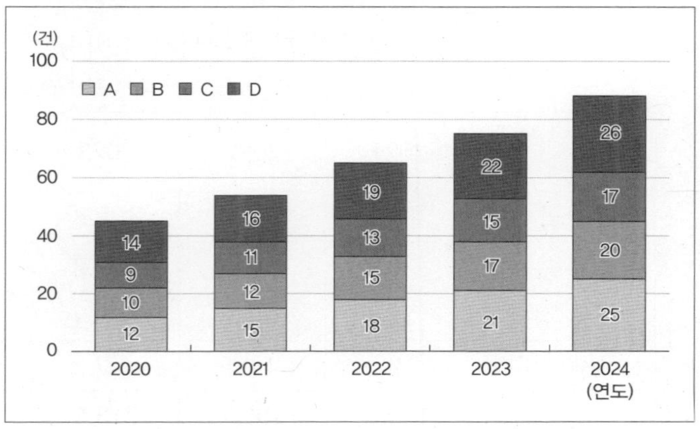

ㄷ. 2020년 도시별 이산화질소 구성비

(단위: %)

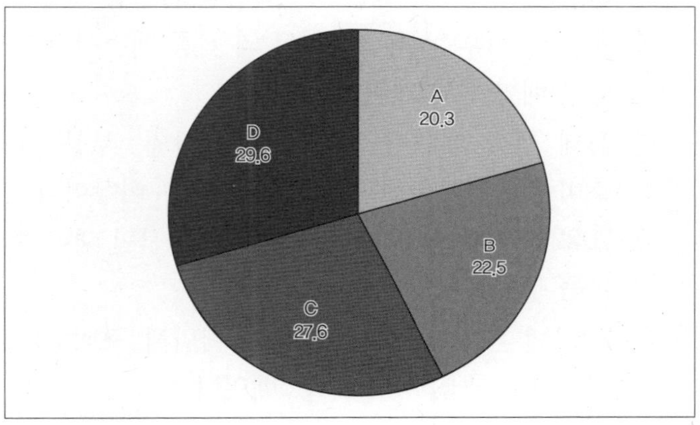

ㄹ. 2021 ~ 2024년 연도별 D시 대기 환경 예산의 전년 대비 증가율

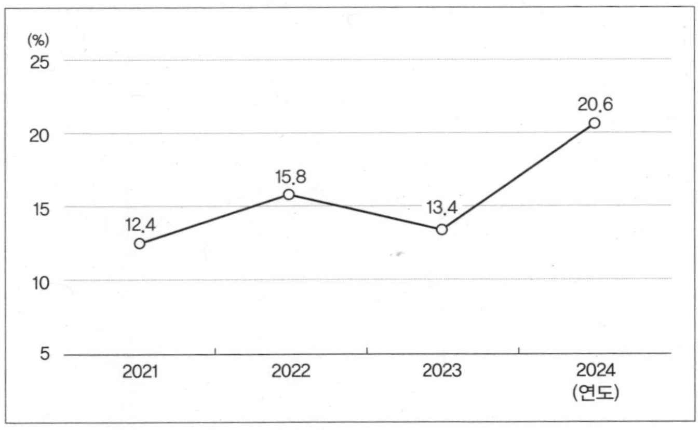

① ㄱ, ㄴ

② ㄱ, ㄷ

③ ㄴ, ㄹ

④ ㄱ, ㄴ, ㄹ

⑤ ㄴ, ㄷ, ㄹ

22. 다음 <표>는 2021 ~ 2024년 '갑'국의 에너지원별 최종 에너지 소비량 비중과 부문별 최종 에너지 소비량에 관한 자료이다. 이에 대한 설명으로 옳지 않은 것은?

<표 1> 에너지원별 최종 에너지 소비량 비중

(단위: %)

에너지원 \ 연도	2021	2022	2023	2024
석유	62.1	54.7	48.6	45.9
전력	13.8	19.2	(　　)	22.7
석탄	9.5	10.1	8.3	7.1
도시가스	8.4	12.3	16.8	17.5
열에너지	1.2	1.5	1.8	2.0
신재생	5.0	2.2	3.3	(　　)
전체	100.0	100.0	100.0	100.0

<표 2> 부문별 최종 에너지 소비량

(단위: 백만 TOE)

부문 \ 연도	2021	2022	2023	2024
산업	83.9	117.0	129.8	132.1
수송	30.9	36.9	37.8	38.2
가정·상업	32.4	37.3	38.7	39.1
공공·기타	2.6	4.5	7.2	7.7
전체	149.8	195.7	213.5	217.1

① 최종 에너지 소비량이 많은 에너지원부터 순서대로 나열하면, 2022 ~ 2024년 에너지원별 순위는 매년 같다.

② 2022년 이후 '석유'와 '석탄'의 최종 에너지 소비량 비중의 합은 매년 전년 대비 감소하였다.

③ 전체 최종 에너지 소비량에서 '산업' 부문 최종 에너지 소비량이 차지하는 비중은 매년 60% 이상이다.

④ 2022년 이후 최종 에너지 소비량의 전년 대비 증감 방향은 모든 부문에서 같다.

⑤ 2021년 대비 2023년에 최종 에너지 소비량의 증가폭은 '수송'이 '공공·기타'의 1.5배이다.

23. 다음 <표>는 2024년 '갑'국의 학교 유형별 학생의 건강 검진 결과를 나타낸 자료이다. 이에 대한 설명으로 옳은 것은?

<표> 2024년 '갑'국의 학교 유형별 학생의 건강 검진 결과

(단위: 만 명)

학교 유형 \ 구분	검진 대상	비만	시력 이상	구강 질환
초등학교	264	50	96	64
중학교	132	32	82	38
고등학교	147	38	116	46
전체	543	120	294	148

① 검진 대상 중 '비만'에 속하는 학생이 차지하는 비중이 가장 높은 학교 유형은 '고등학교'이다.

② 모든 학교 유형에서 '비만', '시력 이상', '구강 질환' 중 두 가지 이상에 속하는 학생은 없다.

③ '비만', '시력 이상', '구강 질환' 각각에 속하는 학생이 많은 학교 유형부터 순서대로 나열하면, 순위가 같은 경우는 없다.

④ 검진 대상 중 '구강 질환'에 속하는 학생이 차지하는 비중이 전체보다 높은 학교 유형은 '고등학교' 뿐이다.

⑤ 검진 대상이 많은 학교 유형일수록 '시력 이상'에 속하는 학생 수가 적다.

24. 다음 자료는 2021 ~ 2023년 '갑'국의 OTT 서비스 유형별 현황이다. 이에 대한 <보고서>의 설명 중 옳은 것만을 모두 고르면?

<표> 2021 ~ 2023년 '갑'국의 OTT 서비스 가입자 수 및 월간 활성 이용자 수

(단위: 만 명)

연도 / 구분 / 유형	2021		2022		2023	
	가입자 수	월간 활성 이용자 수	가입자 수	월간 활성 이용자 수	가입자 수	월간 활성 이용자 수
A	285	213	360	277	420	328
B	195	131	243	170	306	220
C	174	105	223	140	290	186
D	147	96	204	137	285	197
E	96	54	151	90	229	142
전체	897	599	1,181	814	1,530	1,073

<그림> 2023년 '갑'국 OTT 서비스 유형별 콘텐츠 비중과 모바일 앱 이용 비중

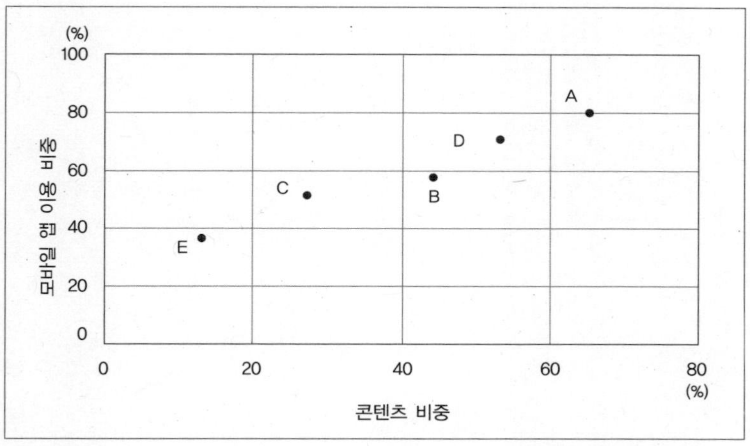

<보고서>

'갑'국 OTT 서비스 시장은 2021년부터 2023년까지 꾸준한 성장세를 보였다. 2023년 기준 주요 5개 OTT 서비스의 총 가입자 수는 1,530만 명으로, 2021년 대비 약 1.7배 증가하였다. 가입자 수 기준으로 ㉠ 2021년 대비 2023년 OTT 서비스 가입자 수의 비율이 가장 높은 서비스는 E로, 해당 서비스는 같은 기간 월간 활성 이용자 수의 비율도 가장 높게 나타났다. 월간 활성 이용자 수를 살펴보면, ㉡ 2022년 월간 활성 이용자 수가 가장 많은 서비스는 A였지만, 2023년 가입자 수 대비 월간 활성 이용자 수의 비율은 D가 가장 높았다. 한편, ㉢ 2023년 OTT 서비스 유형별 콘텐츠 비중 대비 모바일 앱 이용 비중이 가장 높은 서비스는 A로 평가된다.

① ㄱ
② ㄷ
③ ㄱ, ㄴ
④ ㄱ, ㄷ
⑤ ㄴ, ㄷ

25. 다음 <표>는 2024년 '갑'국의 지역별 아동학대 발생건수 및 신고율에 관한 자료이다. 이에 대한 <보기>의 설명 중 옳은 것만을 모두 고르면?

<표> 지역별 아동학대 발생건수 및 신고율

(단위: 건, %)

유형 / 지역	신체 학대		정서 학대		성 학대		방임	
	발생건수	신고율	발생건수	신고율	발생건수	신고율	발생건수	신고율
A	1,200	50.0	3,600	30.0	800	60.0	600	80.0
B	1,000	55.0	(　)	40.0	600	60.0	500	85.0
C	800	40.0	3,000	25.0	700	50.0	700	70.0
D	2,000	45.0	6,000	30.0	1,200	(　)	800	70.0
E	800	55.0	2,800	45.0	500	65.0	400	75.0

※ 1) 아동학대 유형은 신체 학대, 정서 학대, 성 학대, 방임으로만 구분됨.

2) 신고율(%) = $\frac{\text{신고건수}}{\text{발생건수}} \times 100$

<보 기>

ㄱ. B지역의 전체 아동학대 신고율이 50%라면, 정서 학대 발생건수는 2,850건이다.

ㄴ. 신체 학대 신고건수는 A지역이 E지역보다 많다.

ㄷ. C지역의 방임 발생건수는 신고건수의 1.5배 이상이다.

ㄹ. D지역의 성 학대 신고율이 65%라면, A ~ E 지역의 성 학대 신고건수의 합은 2,000건을 초과한다.

① ㄱ, ㄴ
② ㄱ, ㄹ
③ ㄴ, ㄷ
④ ㄱ, ㄴ, ㄹ
⑤ ㄴ, ㄷ, ㄹ

해커스PSAT

7급 PSAT FINAL 통합 봉투모의고사

언어논리+상황판단+자료해석

약점 보완 해설집

해커스

실전모의고사

모바일 자동 채점 및 성적 분석 서비스

정답

언어논리영역

1	②	세부 내용 파악	6	③	세부 내용 파악	11	①	논리 추론	16	④	세부 내용 파악	21	⑤	문맥 추론
2	②	세부 내용 파악	7	③	문맥 추론	12	④	논리 추론	17	②	논지·견해 분석	22	⑤	세부 내용 파악
3	⑤	세부 내용 파악	8	①	문맥 추론	13	①	논리 추론	18	④	세부 내용 파악	23	①	문맥 추론
4	③	세부 내용 파악	9	⑤	문맥 추론	14	⑤	논리 추론	19	⑤	문맥 추론	24	①	논지·견해 분석
5	④	세부 내용 파악	10	②	논리 추론	15	⑤	세부 내용 파악	20	④	논지·견해 분석	25	③	논지·견해 분석

상황판단영역

1	⑤	법·규정의 적용	6	④	계산·비교	11	③	법·규정의 적용	16	②	논리퍼즐	21	①	논리퍼즐
2	⑤	법·규정의 적용	7	④	논리퍼즐	12	③	규칙 적용	17	③	규칙 적용	22	④	논리퍼즐
3	④	법·규정의 적용	8	④	규칙 적용	13	③	세부 정보 파악	18	①	논리퍼즐	23	④	계산·비교
4	②	법·규정의 적용	9	⑤	세부 정보 파악	14	②	규칙 적용	19	①	논리퍼즐	24	①	논리퍼즐
5	②	세부 정보 파악	10	③	규칙 적용	15	③	계산·비교	20	②	계산·비교	25	④	규칙 적용

자료해석영역

1	③	자료매칭	6	④	자료매칭	11	⑤	자료이해	16	⑤	자료이해	21	④	자료변환
2	②	자료계산	7	④	자료변환	12	③	자료이해	17	⑤	자료이해	22	③	자료이해
3	⑤	자료변환	8	①	자료매칭	13	②	자료이해	18	④	자료이해	23	①	자료이해
4	⑤	자료매칭	9	④	자료이해	14	⑤	자료이해	19	⑤	자료이해	24	①	자료이해
5	①	자료변환	10	③	자료논리	15	②	자료매칭	20	④	자료이해	25	④	자료이해

취약 유형 분석표

유형별로 맞힌 개수, 틀린 문제 번호와 풀지 못한 문제 번호를 적고 나서 취약한 유형이 무엇인지 파악해 보세요.

언어논리영역

유형	맞힌 개수	틀린 문제 번호	풀지 못한 문제 번호
세부 내용 파악	/10		
논지·견해 분석	/4		
문맥 추론	/6		
논리 추론	/5		
TOTAL	/25		

상황판단영역

유형	맞힌 개수	틀린 문제 번호	풀지 못한 문제 번호
법·규정의 적용	/5		
세부 정보 파악	/3		
규칙 적용	/6		
계산·비교	/4		
논리퍼즐	/7		
TOTAL	/25		

자료해석영역

유형	맞힌 개수	틀린 문제 번호	풀지 못한 문제 번호
자료이해	/14		
자료계산	/1		
자료매칭	/5		
자료논리	/1		
자료변환	/4		
TOTAL	/25		

해설

언어논리영역

1 세부 내용 파악

정답 ②

두 번째 단락에서 내연은 왕비가 주재하여 내·외명부를 대상으로 베푸는 연회였다고 했고, 세 번째 단락에서 내연에서는 문두와 무무가 기본적으로 공연되었으며, 여기서 문무는 유교적 문치주의를 상징하는 군의 덕을 표현한 춤을, 무무는 군사들의 위엄과 용맹을 상징하는 무의 덕을 표현한 춤을 말한다고 했으므로 내·외명부가 대상인 연회에서는 일반적으로 문과 무의 덕을 표현한 춤이 공연되었음을 알 수 있다.

오답 체크

① 첫 번째 단락에서 가례는 왕실의 관례, 혼례, 책봉 등 경사스러운 의례를, 빈례는 외국 사신을 접대하는 의례를 의미한다고 했고, 두 번째 단락에서 가례의 한 형태인 궁중 연향은 내연과 외연으로 구분되었다고 했으므로 외국 사신을 맞이하는 행사는 내연과 외연으로 구분되는 것은 아님을 알 수 있다.

③ 두 번째 단락에서 궁중 연향은 내연과 외연으로 구분되는데 내연은 왕비가 주재하여 내·외명부를 대상으로 베푸는 연회였고, 외연은 왕이 주재하여 왕세자, 종친 및 문무백관을 대상으로 열리는 연회였다고 했고, 세 번째 단락에서 궁중 연향에서는 정재라 불리는 궁중무용이 필수로 공연되었다고 했으므로 왕비가 베푸는 궁중 연향과 왕이 베푸는 궁중 연향에는 모두 정재가 포함되어 있었음을 알 수 있다.

④ 네 번째 단락에서 의궤는 왕실의 중요한 의례나 행사를 기록한 책으로, 그림과 함께 행사의 전 과정, 참여자 명단, 소요된 물품과 비용 등을 상세히 기록했음은 알 수 있으나 의궤가 정재의 구체적인 동작을 필수적으로 기록함으로써 후대에 전승했는지는 제시된 글을 통해 알 수 없다.

⑤ 네 번째 단락에서 궁중 연향의 절차와 내용은 실록뿐만 아니라 의궤라는 기록물을 통해서도 전해진다고 했으므로 『원행을묘정리의궤』는 궁중 연향에 대한 내용을 담고 있는 유일한 기록물이 아님을 알 수 있다.

2 세부 내용 파악

정답 ②

두 번째 단락에서 정약전은 이 책에서 해양생물을 어류, 무인류, 개류, 잡류로 분류하였다고 했으므로, 정약전은 『자산어보』에서 해양생물을 네 가지 범주로 분류하였음을 알 수 있다.

오답 체크

① 첫 번째 단락에서 정약전은 흑산도로 유배되었으며 두 번째 단락에서 흑산도의 별칭은 자산이고 『자산어보』는 정약전이 흑산도에서 유배하는 기간 동안 서해와 남해에 서식하는 수많은 해양생물을 관찰하고 기록한 우리나라 최초의 어류학 관련 저서임은 알 수 있으나 『자산어보』가 한글로 쓰였는지는 제시된 글을 통해 알 수 없다.

③ 두 번째 단락에서 정약전이 흑산도에서 유배하는 기간 동안 서해와 남해에 서식하는 수많은 해양생물을 관찰하고 기록했다고 했으므로 『자산어보』는 남해와 동해가 아닌 서해와 남해에 서식하는 해양생물을 기록한 책임을 알 수 있다.

④ 세 번째 단락에서 중국 문헌에서는 전복을 패류로 분류했지만, 정약전은 전복이 움직인다는 사실을 직접 관찰한 후 이를 근거로 전복을 개류로 분류하였다고 했으므로 정약전은 중국 문헌의 분류체계를 그대로 적용하지 않았음을 알 수 있다.

⑤ 마지막 단락에서 정약전은 『자산어보』를 집필하는 과정에서 이전까지 이름조차 없었던 생물들에 새로운 명칭을 직접 붙여 기록하기도 하였다고 했으므로 정약전은 『자산어보』에 기존에 이름이 알려진 생물만을 기록한 것은 아님을 알 수 있다.

3 세부 내용 파악

정답 ⑤

두 번째 단락에서 소쉬르의 언어학에 따르면 언어 기호는 기표와 기의의 결합으로 이루어지는데, 기표는 소리나 문자와 같은 물리적 형태를, 기의는 그것이 지시하는 개념을 말하며 기표와 기의의 관계는 자의적이라고 했으므로 소쉬르에 따르면 단어의 문자와 의미 사이의 관계는 임의적임을 알 수 있다.

오답 체크

① 네 번째 단락에서 벤베니스트는 소쉬르의 기표와 기의 개념을 수용하면서도, 언어 기호의 자의성을 다르게 해석했는데 기표와 기의 사이의 관계가 특정 언어 체계 내에서는 필연적이라고 주장했다고 하였다. 따라서 벤베니스트는 언어 기호의 자의성이 언어 체계 내부에서 더 강하게 나타난다고 주장한 것이 아니라, 오히려 언어 체계 내에서는 기표와 기의 사이의 관계가 필연적이고 자의성은 언어 체계 바깥에서만 존재한다고 주장했음을 알 수 있다.

② 마지막 단락에서 촘스키는 외적으로 관찰 가능한 언어 수행과 내재적인 언어 능력을 구분했는데, 이는 소쉬르의 파롤과 랑그 구분과 유사해 보이지만 중요한 차이가 있음은 알 수 있으나 랑그와 파롤의 구분은 모호하며 랑그와 파롤이 추상적 개념인지는 제시된 글을 통해 알 수 없다.

③ 네 번째 단락에서 벤베니스트는 언어의 사회적 성격을 더욱 부각시켰다고 했고 마지막 단락에서 촘스키의 언어 능력은 개인의 심리적·인지적 능력을 강조한다고 했으므로 벤베니스트는 언어의 사회적 특성을 중시했고, 촘스키만 개인적 특성을 중시했음을 알 수 있다.

④ 세 번째 단락에서 야콥슨은 언어 기호 중 의성어나 의태어처럼 소리와 의미 사이에 유사성이 존재하는 도상적 기호가 있다고 주장했다고 하였으므로 야콥슨은 모든 언어 기호가 아닌 일부 언어 기호에서 소리와 의미 사이에 유사성이 있다고 주장했음을 알 수 있다.

4 세부 내용 파악

정답 ③

첫 번째 단락에서 사성제는 고, 집, 멸, 도의 네 가지 진리를 말하는데, 고성제는 인간의 삶에 고통이 존재한다는 진리를, 집성제는 그 고통이 갈애와 무지에서 비롯된다는 진리를, 멸성제는 갈애를 소멸함으로써 고통에서 벗어날 수 있다는 진리를, 도성제는 이를 위한 구체적인 실천 방법이 팔정도라는 진리를 의미한다고 했으므로 불교에서는 팔정도를 통해 고통에서 벗어날 수 있다고 보았음을 알 수 있다.

오답 체크

① 두 번째 단락에서 불교는 영원불변하는 실체로서의 '자아'나 '영혼'의 존재를 부정하는 무아설을 주장한다고 했으므로 불교의 무아설에 따르면 '나'는 영원불변하는 실체로 존재하는 것은 아님을 알 수 있다.

② 마지막 단락에서 조계종을 중심으로 한 한국 불교는 선과 교를 조화시키는 선교겸수의 전통을 발전시켰다고 했으므로 한국 불교는 선과 교를 각자 독립적인 체계로 발전시킨 것은 아님을 알 수 있다.

④ 두 번째 단락에서 행온은 생각·의도·습관 등 마음의 의지적 작용을, 식온은 대상을 인식하고 분별하는 의식 작용을, 수온은 즐거움·고통과 같은 모든 감각적 경험을 가리킨다고 했으므로 행온은 외부 세계를 인식하고 분별하는 의식 작용으로 감각적 경험을 체계화하는 것은 아님을 알 수 있다.

⑤ 세 번째 단락에서 테라바다 불교는 주로 스리랑카, 미얀마, 태국 등 동남아시아 지역에 전파되었다고 했으므로 티베트와 네팔에 전파된 불교는 테라바다 불교가 아님을 알 수 있다.

5 세부 내용 파악

정답 ④

첫 번째 단락에서 전라도 지역의 방언은 서남방언이라고 했고 세 번째 단락에서 옥수수를 서남방언에서는 '강냉이', 감자를 서남방언에서는 '지슬'이라고 한다고 했으므로 전라도에서는 감자를 '지'라고 일컫는 것은 아님을 알 수 있다.

오답 체크

① 네 번째 단락에서 제주방언은 다른 방언과 구별되는 고유한 문법 체계를 갖추고 있다고 했으므로 제주도는 다른 지역의 방언과는 차별화된 문법 체계를 가지고 있음을 알 수 있다.

② 첫 번째 단락에서 경상도 지역의 방언은 동남방언이라고 했다. 또한 두 번째 단락에서 동남방언은 음절 안에서 나타나는 소리의 높낮이인 성조가 의미 구별 기능을 하는 유일한 방언이고, '말'이라는 단어가 성조에 따라 '말(馬)'과 '말(言)'로 구분되는 것처럼 같은 단어라도 성조에 따라 다른 의미를 갖게 된다고 했다. 따라서 경상도 지역의 방언은 소리의 높낮이에 따라 단어의 의미 차이가 발생함을 알 수 있다.

③ 첫 번째 단락에서 일부 학자들은 서울·경기·충청 지역의 중부방언을 경기방언과 충청방언으로 세분화하기도 한다고 했으므로 중부방언을 2개의 권역으로 나누어 분류할 수 있다고 보는 학자들이 있음을 알 수 있다.

⑤ 마지막 단락에서 방언의 보존 상태는 지역별로 상이하나, 도시화와 매스미디어의 영향으로 전반적으로 표준어화가 진행되고 있다고 했으므로 도시화 현상과 대중매체의 영향력으로 인해 전국적으로 표준어 사용이 확산되는 추세를 보이고 있음을 알 수 있다.

6 세부 내용 파악

정답 ③

두 번째 단락에서 샤논 지수는 종 풍부도와 균등도를 동시에 반영한다고 했으므로 샤논 지수는 군집 내 종의 수와 각 종의 상대적 분포 균형을 함께 고려하여 종 다양성을 정량화함을 알 수 있다.

오답 체크

① 첫 번째 단락에서 종 풍부도는 각 종의 상대적 개체 수나 분포의 균등성을 반영하지 못하는 한계가 있다고 했으므로 종 풍부도는 군집 내 생물종의 총 개수만 반영하고 각 종의 상대적 분포는 반영하지 못함을 알 수 있다.

② 세 번째 단락에서 심슨 지수는 군집 내에서 무작위로 선택한 두 개체가 같은 종에 속할 확률을 계산하는 방식이라고 했으므로 심슨 지수는 무작위로 선택한 두 개체가 서로 다른 종이 아닌 같은 종에 속할 확률을 계산함을 알 수 있다.

④ 네 번째 단락에서 샤논 지수는 전체 종의 풍부도와 균일성을 고려하는 반면, 심슨 지수는 우점종의 변화에 더 민감하게 반응한다고 했으므로 우점종의 변화를 관찰하는 데는 샤논 지수보다 심슨 지수가 더 적합함을 알 수 있다.

⑤ 첫 번째 단락에서 종 풍부도만으로는 두 군집의 다양성 차이를 구별할 수 없다고 했으므로 종 풍부도만으로 서로 다른 군집 간의 종 다양성의 차이를 효과적으로 구별해낼 수 있는 것은 아님을 알 수 있다.

7 문맥 추론

정답 ③

㉢의 앞에서 닻 내림 효과는 첫 번째로 제시된 정보나 수치가 이후 판단의 기준점으로 작용하는 현상이라고 했고 ㉢의 뒤에서 뉴욕 택시 이용객들 사이에서는 요금의 20% 이상을 팁으로 지불하는 새로운 소비 습관이 형성되었다고 했으므로 ㉢을 "승객들은 20%의 팁을 낮은 금액으로 인식하기 시작했다"로 고치는 것은 적절하다.

오답 체크

① ㉠의 앞에서 인지심리학자 카너먼과 트버스키는 인간의 판단과 의사결정 과정에 오류가 존재한다는 사실을 실험을 통해 입증했다고 했으므로 ㉠은 "직관적인 지름길을 사용하지 않고 철저히 합리적으로 사고"가 아닌 "복잡한 계산보다는 직관적인 지름길을 사용"이 적절하다.

② ㉡의 앞에서 이용 가능성 휴리스틱이 쉽게 떠올릴 수 있는 사례에 기초하여 사건의 확률을 판단하는 것이라고 했으므로 ㉡은 "덜 위험한 사건으로 인식"이 아닌 "더 자주 발생하는 사건으로 인식"이 적절하다.

④ ㉣의 앞에서 확증 편향이 자신의 기존 신념이나 가설을 지지하는 정보만을 선택적으로 수집하고 해석하는 경향이라고 했으므로 ㉣은 "자신의 견해와 일치하는 정보는 비판적으로 평가하고 상충되는 정보는 쉽게 수용"이 아닌 "자신의 견해와 일치하는 정보를 쉽게 수용하고 상충되는 정보를 비판하거나 무시"가 적절하다.

⑤ ㉤의 앞에서 인간의 판단과 의사결정 과정에 다양한 인지적 편향이 존재한다고 했고 ㉤의 뒤에서 이러한 인지적 편향을 인식하여 중요한 결정을 내릴 때 보다 신중하고 체계적인 사고방식을 채택할 필요가 있다고 했으므로 ㉤은 "합리적인 판단 능력을 약화시킬 수 있다"가 아닌 "합리적인 판단 능력을 향상시킬 수 있다"가 적절하다.

8 문맥 추론

정답 ①

(가) 첫 번째 단락에서 불평등이 사회적 신뢰와 연대감을 약화시킨다고 했고, 두 번째 단락에서 이는 전체 사회의 갈등과 분열을 심화시키고 사회적 문제 해결을 위한 집단적 노력을 저해한다고 했으므로 (가)에 들어갈 말은 "더욱 단결하여 배타적 정체성을 강화하게 된다"가 가장 적절하다.

(나) 세 번째 단락에서 경제력의 불평등은 정치적 불평등으로 이어지며, 부유층은 자신들의 이익을 보호하는 정책을 지지하는 정치인들에게 더 많은 기부를 하고 다양한 로비 활동을 통해 정책 결정 과정에 영향을 미치는 반면, 경제적으로 취약한 계층은 정치적 의사 표현의 기회와 수단이 제한적이라고 했다. 또한 이는 민주주의의 기본 원칙인 '1인 1표'의 평등한 가치를 실질적으로 훼손하는 결과를 가져온다고 했으므로 (나)에 들어갈 말은 "사회 전체의 이익보다 특정 계층의 이익이 우선시되는 정책 편향을 초래한다"가 가장 적절하다.

9 문맥 추론

정답 ⑤

세 번째 단락에서 오늘날의 논리 분석은 단순히 명제 간의 형식적 연결에 머무르지 않는다고 했고 첫 번째와 두 번째 단락에서 현실 세계의 논증이 단순한 논리적 타당성만으로는 신뢰성과 설득력을 보장하기 어려우며, 구조적 유효성뿐 아니라 의미론적 일관성과 해석의 다양성, 맥락에 따라 갖는 다층적 의미 등을 함께 고려해야 한다고 했다. 따라서 빈칸에 들어갈 말은 '전제와 결론의 연관성이 발현되는 실제적 맥락과 의미론적 일관성'이 가장 적절하다.

10 논리 추론

정답 ②

㉠~㉣을 기호화로 나타내면 다음과 같다.

㉠ AI 복잡한 결정 → 설명 불가능

㉡ 설명 불가능 → 책임 소재 불분명 ∧ 윤리적 문제

㉢ 책임 소재 불분명 → 사용 금지

㉣ 설명 불가능 → 책임 확보 불가

ㄴ. ㉠과 ㉡을 연결하면 'AI 복잡한 결정 → 설명 불가능 → 책임 소재 불분명 ∧ 윤리적 문제'가 도출되고 이것을 분리하면 'AI 복잡한 결정 → 윤리적 문제', 즉 "AI 시스템은 복잡한 결정을 내릴 때 윤리적 문제를 발생시킨다."는 것이 도출되므로 적절하다.

오답 체크

ㄱ. ㉠의 부정은 'AI 복잡한 결정 ∧ ~설명 불가능'으로 ㉠의 부정으로부터 ㉣의 부정이 도출되지 않으므로 적절하지 않다.

ㄷ. "윤리적 문제를 발생시키는 AI 시스템은 중요한 의사결정에 사용되어서는 안 된다."는 '윤리적 문제 → 사용 금지'로 ㉡과 ㉢을 통해 도출될 수 없으므로 적절하지 않다.

11 논리 추론

정답 ①

제시된 글에서 기호화가 필요한 문장을 정리하면 다음과 같다.

- 명제 1: 경험적 지식 ∨ 선험적 지식 ≡ ~경험적 지식 → 선험적 지식
- 명제 2: 경험적 지식 → 감각 경험을 통해 얻어짐
- 명제 3: 감각 경험을 통해 얻어짐 → 오류 가능성 존재
- 명제 4: 절대적으로 확실한 지식 → ~오류 가능성 존재
- 명제 5: 선험적 지식={논리학, 수학, 형이상학, ...}
- 명제 6: 형이상학 → ~절대적으로 확실한 지식
- 결론: 절대적으로 확실한 지식 → 논리학 ∨ 수학

명제 2와 명제 3을 연결하면 '경험적 지식 → 오류 가능성 존재'가 도출된다. 이를 명제 4의 대우 '오류 가능성 존재 → ~절대적으로 확실한 지식'과 연결하면 '경험적 지식 → ~절대적으로 확실한 지식'이 된다. 이것의 대우 '절대적으로 확실한 지식 → ~경험적 지식'과 명제 1을 연결하면 '절대적으로 확실한 지식 → 선험적 지식'이 된다. '절대적으로 확실한 지식 → 선험적 지식'과 명제 6의 대우 '절대적으로 확실한 지식 → ~형이상학'을 결합하면 '절대적으로 확실한 지식 → 선험적 지식 ∧ ~형이상학'이 도출된다. 이때 "선험적 지식 중 형이상학을 제외한 나머지는 모두 논리학 또는 수학뿐이다" 즉, '선험적 지식 ∧ ~형이상학 → 논리학 ∨ 수학'이 추가되면 '절대적으로 확실한 지식 → 논리학 ∨ 수학'을 도출할 수 있다.

따라서 ㉠을 이끌어내기 위해 추가해야 할 전제는 '선험적 지식 중 형이상학을 제외한 나머지는 모두 논리학 또는 수학뿐이다.'가 가장 적절하다.

12 논리 추론
정답 ④

주어진 조건을 기호로 나타내면 다음과 같다.

- 조건 1: 태국 → ~일본 ∧ ~중국
- 조건 2: ~중국 → 대만
- 조건 3: 베트남 ∨ 싱가포르 → 태국

조건 1을 분리하면 '태국 → ~중국'이고 이를 조건 2와 연결하면 '태국 → ~중국 → 대만'이 도출된다. 도출된 '태국 → 대만'을 조건 3과 연결하면 '베트남 ∨ 싱가포르 → 대만'이 된다. 따라서 싱가포르가 할인 대상이면 대만도 할인 대상이 되므로 반드시 참이다.

13 논리 추론
정답 ①

네 번째 설명이 참이면 세 번째 설명은 거짓이고, 세 번째 설명이 참이면 네 번째 설명이 거짓이므로 세 번째 또는 네 번째 설명 중 하나가 거짓이다. 이를 기준으로 경우를 나누어 살펴본다.

〈경우 1〉 세 번째 설명이 거짓인 경우

다영은 배드민턴을 수강하지 않았고 마영은 테니스를 수강하지 않았다. 세 번째 설명을 제외한 나머지 설명은 참이므로 두 번째 설명에 따라 나영은 축구, 라영은 농구를 수강했다. 이때 라영은 농구를 수강했으므로 다섯 번째 설명에 따라 가영은 테니스를 수강했다. 또한 네 번째 설명에 따라 마영은 배드민턴을 수강했으므로 다영은 수영을 수강했다. 이상의 내용을 표로 정리하면 다음과 같다.

가영	나영	다영	라영	마영
테니스	축구	수영	농구	배드민턴

〈경우 2〉 네 번째 설명이 거짓인 경우

가영은 농구를 수강하지 않았거나 마영은 배드민턴을 수강하지 않았다. 네 번째 설명을 제외한 나머지 설명은 참이므로 두 번째 설명에 따라 나영은 축구, 라영은 농구를 수강했다. 이때 라영은 농구를 수강했으므로 다섯 번째 설명에 따라 가영은 테니스를 수강했다. 가영이 테니스를 수강했으므로 세 번째 설명에 따라 마영은 테니스를 수강하지 않고 다영은 배드민턴을 수강했다. 마영은 축구, 농구, 테니스, 배드민턴을 제외한 수영을 수강했다. 이상의 내용을 표로 정리하면 다음과 같다.

가영	나영	다영	라영	마영
테니스	축구	배드민턴	농구	수영

따라서 두 경우 모두에서 가영은 테니스를 수강했으므로 반드시 참이다.

14 논리 추론
정답 ⑤

제시된 글에서 기호화가 필요한 문장을 정리하면 다음과 같다.

- 명제 1: 인공지능 ∧ 클라우드 → 추가 보안
- 명제 2: 추가 보안, ~빅데이터, ~외부 API 중 적어도 둘은 참
- 명제 3: 인공지능 ∧ ~빅데이터 → 오픈소스
- 명제 4: 클라우드 → 외부 API
- 명제 5: 오픈소스 ∧ 마이크로서비스 → ~빅데이터
- 명제 6: ~추가 보안
- 명제 7: 마이크로서비스

명제 2와 명제 6을 결합하면 '~빅데이터', '~외부 API'가 도출되고 이를 명제 4의 대우 '~외부 API → ~클라우드'와 연결하면 '~클라우드'가 도출된다. 명제 5와 명제 7을 결합하면 '오픈소스 → ~빅데이터'가 도출되고 이를 명제 3과 결합하면 '인공지능 ∧ ~빅데이터 → 오픈소스 — ~빅데이터'가 도출된다. 이때 '~빅데이터'가 참이므로 '인공지능 → 오픈소스'가 도출된다. '~클라우드'와 '인공지능 → 오픈소스'가 참이므로 '클라우드 기반 구축이 진행되지 않으면, 인공지능 모듈은 도입되고 오픈소스 프레임워크는 활용하지 않습니다'는 명제가 추가되면 모순이 발생한다. 따라서 빈칸에 들어갈 말은 '클라우드 기반 구축이 진행되지 않으면, 인공지능 모듈은 도입되고 오픈소스 프레임워크는 활용하지 않습니다'가 가장 적절하다.

15 세부 내용 파악
정답 ⑤

ㄱ. 두 번째 단락에서 경쟁적 억제는 가역적이며 기질의 농도가 충분히 높아지면 기질이 억제제를 밀어내고 활성 부위에 결합할 수 있다고 했고, 경쟁적 억제제의 억제 효과는 기질과 억제제의 농도 비율에 따라 결정된다고 했으므로 경쟁적 억제제의 농도를 일정하게 유지한 상태에서 기질 농도만 계속 증가시키면 효소 활성이 점진적으로 회복될 것임을 추론할 수 있다.

ㄴ. 세 번째 단락에서 비경쟁적 억제제는 효소의 활성 부위가 아닌 알로스테릭 부위에 결합하여 효소의 입체 구조를 변화시키고, 변형된 활성 부위에는 기질이 제대로 결합할 수 없어 비경쟁적 억제에서는 기질 농도를 아무리 높여도 억제 효과를 극복할 수 없다고 했으므로 비경쟁적 억제제가 작용하는 효소에 정상 기질과 동일한 구조의 물질을 대량 투입해도 효소 활성은 회복되지 않을 것임을 추론할 수 있다.

ㄷ. 첫 번째 단락에서 효소의 활성 부위는 특정 기질의 구조에 맞게 형성되어 있어 특이성을 나타낸다고 했고 세 번째 단락에서 효소의 입체 구조가 변화하여 활성 부위의 모양이 바뀌면 기질이 제대로 결합할 수 없다고 했으므로 효소의 활성 부위 구조를 인위적으로 변화시킨 경우, 원래 기질이 해당 효소에 결합하는 능력이 감소할 것임을 추론할 수 있다.

16 세부 내용 파악
정답 ④

네 번째 단락에서 기립성 저혈압은 누워있다가 갑자기 일어설 때 나타나는데 압력 수용체를 통해 혈압 변화를 감지하고 교감신경을 활성화시킴으로써 혈관을 수축시키고 심박수를 조절하는 과정에서 이상이 생기면 중력에 의해 하체로 몰린 혈액이 심장으로 충분히 돌아오지 못해 뇌로 가는 혈류량이 줄어든다고 했으므로 압력 수용체에 이상이 생긴 사람은 누워 있다가 갑작스럽게 기립할 시 머리까지 도달하는 혈액의 양이 줄어들 것임을 추론할 수 있다.

오답 체크

① 마지막 단락에서 고혈압이 지속되면 혈관 내피가 손상된다고 했고 네 번째 단락에서 압력 수용체는 혈압 변화를 감지하는 감각기관임은 알 수 있으나 고혈압 환자의 혈관 내피 손상과 압력수용체의 감지 능력의 상관관계는 제시된 글을 통해 추론할 수 없다.

② 첫 번째 단락에서 이완기 혈압 90mmHg 이상일 때 고혈압으로 진단한다고 했고 세 번째 단락에서 혈관 확장 인자인 산화질소의 과분비가 저혈압을 유발할 수 있다고 했으므로 이완기 혈압이 100mmHg인 사람은 혈관 확장 인자로 인한 혈압 장애를 겪을 것임을 추론할 수 없다.

③ 두 번째 단락에서 체내 나트륨이 부족하면 신장에서 레닌이 분비되고, 이것이 안지오텐신 II를 생성하여 혈관을 수축시키며 부신에서 알도스테론 분비를 촉진하는데 알도스테론은 신장에서 나트륨과 수분의 재흡수를 촉진해 혈액량을 증가시켜 혈압을 높인다고 했으므로 땀을 많이 흘려 체내 나트륨 농도가 낮아지면 부신이 아닌 신장에서 분비된 레닌이 혈압을 상승시킬 것임을 추론할 수 있다.

⑤ 마지막 단락에서 고혈압이 지속되면 동맥경화로 인해 심근경색의 위험이 높아진다고 했고 두 번째 단락에서 노르에피네프린이 대량 분비되면 심박출량을 늘리고, 동시에 혈관 평활근을 수축시켜 혈관 저항을 높이며, 이 두 작용이 결합하여 혈압이 상승한다고 했다. 또한 부신에서 분비된 알도스테론은 신장에서 나트륨과 수분의 재흡수를 촉진해 혈액량을 증가시켜 혈압을 높인다고 했으므로 심박출량 증가가 알도스테론에 영향을 미치는 것은 추론할 수 없다.

17 논지·견해 분석
정답 ②

(가) 전분 과립의 침강을 방해하는 화학물질 X를 처리하지 않은 옥수수 유묘를 사용한 실험 1에서 정상적인 중력굴성이 나타났고, 화학물질 X를 처리한 옥수수 유묘를 사용한 실험 2에서 전분 과립 침강을 방해했을 때 중력굴성이 사라진 것은 전분 과립이 중력 감지에 필수적임을 보여주므로 가설 H1을 강화한다. 따라서 (가)에 들어갈 말은 '강화하고'가 가장 적절하다.

(나) 전분 과립의 침강을 방해하는 화학물질 X를 처리한 옥수수 유묘를 사용한 실험 2에서 중력굴성이 나타나지 않은 것은 세포막의 압력 감지 능력만으로는 중력굴성을 유발할 수 없음을 보여주고, 화학물질 X를 처리하지 않고 세포막의 압력 감지 능력을 억제시킨 옥수수 유묘를 사용한 실험 3에서 중력굴성이 나타난 것은 세포막의 압력 감지 능력이 중력굴성에 필수적이지 않음을 보여주므로 실험 2와 실험3은 모두 가설 H2를 약화한다. 따라서 (나)에 들어갈 말은 '약화한다'가 가장 적절하다.

18 세부 내용 파악

정답 ④

지역 A와 C에서 수소에 매단 라디오존데 Ⅱ가 헬륨에 매단 라디오존데 Ⅰ보다 더 높은 고도까지 관측이 가능했다. 특히 지역 A에서는 라디오존데 Ⅰ이 29km에서 기체 팽창 한계에 도달한 반면 라디오존데 Ⅱ는 35km까지 관측했다. 또한 지역 C에서도 라디오존데 Ⅰ은 32km에서 기체 팽창 한계에 도달했지만 라디오존데 Ⅱ는 37km까지 관측했으며 신호 송신 한계로 인해 관측이 중단되었다. 이는 수소로 채워진 기구가 헬륨으로 채워진 기구보다 더 높은 고도에서 파열됨을 의미한다. 한편, 지역 B에서는 두 라디오존데 모두 18km에서 신호 송신 한계에 도달했으므로, 두 라디오존데의 송신기 성능은 동일함을 알 수 있다.

따라서 실험 결과에 대한 분석으로 '수소로 채워진 기구는 헬륨으로 채워진 기구보다 더 높은 고도에서 파열된다.'가 적절하다.

19 문맥 추론

정답 ⑤

(가) 네 번째 단락에서 로프터스의 실험에 따르면 질문에 사용된 단어에 따라 실험 참가자들의 응답이 달랐고 마지막 단락에서 연구 결과는 기억이 단순히 과거 경험의 복사본이 아니라 다양한 정보와 해석이 혼합된 구성물임을 시사한다고 했다. 따라서 (가)에 들어갈 말은 '정보를 적극적으로 해석하고 재구성하는'이 적절하다.

(나) 마지막 단락에서 사후 정보가 실제로는 존재하지 않았던 요소까지 기억에 삽입할 수도 있다고 했으며, 네 번째 단락에서 로프터스의 실험에 따르면 실제로 존재하지 않았던 깨진 유리를 보았다고 응답한 사례를 제시하고 있다. 따라서 (나)에 들어갈 말은 '기억이 재구성되는 과정에서 허구적 기억이 형성될 수 있음을 드러낸다'가 적절하다.

20 논지·견해 분석

정답 ④

ㄴ. 집단 논의를 통해 개인들이 실제와 다른 세부사항에 대해 합의된 기억을 형성했다는 점은 서로의 정보가 섞이면서 원래 경험과 일치하지 않는 기억이 구성되었다는 것을 의미한다. 이는 기억이 다양한 요인에 의해 변형되고 재구성될 수 있다는 구성주의적 관점과 합치하여 ㉠을 약화하지 않으므로 적절하다.

ㄷ. 무기 집중 효과는 사람들이 위협 요소에 주의를 집중하면서 다른 세부 사항에 대한 기억이 부정확해진다는 것으로, 기억이 있는 그대로 저장되는 것이 아니라 선택적 주의와 해석 과정을 통해 구성된다는 구성주의적 관점과 일치하여 ㉠을 강화하므로 적절하다.

오답 체크

ㄱ. 주의력에 따른 세부 사항 및 전체 맥락 기억의 정확도 차이는 구성주의적 관점과 무관하여 ㉠을 약화하지 않으므로 적절하지 않다.

21 문맥 추론

정답 ⑤

ㄱ. 을은 행정기관 주도의 하향식 의사결정으로 주민들의 실질적 요구가 반영되지 못하는 것이 주민 반발의 원인이라고 주장한다. 주민협의체 운영 여부에 따른 공공임대주택 재생사업 추진 성공률 및 주민 만족도를 조사해 주민협의체를 운영할 때 성공률과 만족도가 높았으면 을의 주장을 뒷받침할 수 있으므로 적절하다.

ㄴ. 병은 재생사업 후 임대료 상승에 따른 경제적 부담이 주민 반발의 원인이라고 주장한다. 재생사업 후 임대료 상승률과 저소득층 거주자 이탈률 간의 상관관계를 조사하여 유의미한 상관관계가 있다면 병의 주장을 뒷받침할 수 있으므로 적절하다.

ㄷ. 정은 재생사업의 필요성과 혜택에 대한 정보 제공 부족이 주민 반발의 원인이라고 주장한다. 재생사업 설명회 참석 여부에 따른 주민들의 사업 찬성률 및 정보 제공 전후 인식 변화를 조사하여 설명회에 참석한 주민이 높은 찬성률을 보이거나 정보 제공 전후 긍정적 인식의 변화가 있다면 정의 주장을 뒷받침할 수 있으므로 적절하다.

22 세부 내용 파악

정답 ⑤

표에 따르면 일반 시민 위주로 구성되는 평가제도는 자문형 평가제도이고 마지막 단락에서 2023년 3월부터 협업형과 주도형 평가제도는 온라인 평가 플랫폼을 구축하여 운영해야 하며, 월별로 평가 과정과 결과를 시민에게 공개해야 하지만 자문형 평가제도는 개정 지침의 적용 대상에서 제외되었다고 했다. 따라서 일반 시민 위주로 구성되는 평가제도는 2024년에 평가 결과를 온라인 플랫폼을 통해 공개할 의무가 없음을 추론할 수 있다.

오답 체크

① 세 번째 단락에서 평가단원의 임기는 모든 유형에서 1년이며, 2회에 한하여 연임할 수 있다고 했으므로 주도형 평가단원의 임기는 1년이며, 2회 연임 시 최대 3년까지 가능함을 추론할 수 있다.

② 표에 따르면 민관 협력 기구의 지위를 가진 평가제도는 협업형 평가제도이고 두 번째 단락에서 2019년부터 2022년까지는 두 번째 단계인 협업형 평가제도가 추가되어 총 156개 지방자치단체로 확대되었다고 했다. 따라서 민관 협력 기구의 지위를 가진 평가제도는 2020년에 운영되었음을 추론할 수 있다.

③ 세 번째 단락에서 자문형과 협업형의 경우, 공개 모집을 통해 모집한 시민과 전문가를 심사를 거쳐 선발한 후 지방자치단체장이 위촉하지만 주도형의 경우, 독립적인 기관에서 주관하는 공개 투표를 통해 선발한다고 했으므로 협업형 평가제도의 평가단원은 공개 투표로 선발되지 않음을 추론할 수 있다.

④ 네 번째 단락에서 주도형은 가장 높은 수준의 평가 권한을 가진다고 했으므로 자문형 평가제도가 다른 유형의 평가제도보다 높은 수준의 평가 권한을 가진다는 것은 추론할 수 없다.

23 문맥 추론

정답 ①

ㄱ. ㉡이 'C'라면 한 항목에서 'C' 평가와 나머지 두 항목에서 'B' 평가를 받은 것으로 해당 월은 '부적합' 판정을 받고, 어느 한 달이라도 '부적합' 판정이 있으면 해당 분기에는 인증이 거부된다. 따라서 ㉡이 'C'라면 갑사 제품은 1분기에 어떤 인증도 받을 수 없으므로 적절하다.

오답 체크

ㄴ. ㉢, ㉣, ㉤이 모두 같지 않다면, ㉢, ㉣, ㉤은 각자 A, B, C 중 하나에 해당한다. ㉣이 'A'라면 을사는 1월에 '최우수' 판정을 받고, ㉣이 'B'라면 을사는 1월에 '적합' 판정을 받고, ㉣이 'C'라면 을사는 1월에 '적합' 판정을 받는다. 따라서 어떤 경우에도 을사는 1월에 '부적합' 판정을 받지 않으므로 적절하지 않다.

ㄷ. 1분기에 갑사가 '우수 안전 인증'을 받았다면 '적합' 판정을 1번, '최우수' 판정을 2번 받거나 모두 최우수 판정을 받는 경우에 해당한다. 갑사의 2월 평가 결과는 ㉡이 'A'가 되더라도 '최우수' 판정을 받을 수 없어 1분기에 갑사는 '적합' 판정을 1번, '최우수' 판정을 2번 받는다. 이에 따라 남은 1월과 3월에 '최우수' 판정을 받아야 하므로 ㉠과 ㉢은 'A'이다. 을사가 '일반 안전 인증'을 받았다면 모든 월에서 '적합' 판정을 받거나, '적합' 판정 2번, '최우수' 판정 1번을 받는 경우에 해당한다. 이때 을사가 3월에 '적합' 판정을 받는 경우에는 ㉥이 'B' 또는 'C'이고, '최우수' 판정을 받는 경우에는 ㉥이 'A'로 ㉠과 ㉥이 같지 않을 수도 있으므로 적절하지 않다.

24 논지·견해 분석

정답 ①

갑은 설립 개월 수 부족으로 신설 경로당이 ㉠을 충족하지 못한다고 보며, 무도 제4조의 명확한 기준이 중요하다고 하여 신설 경로당이 ㉠을 충족하지 못한다고 보므로 갑과 무는 같은 입장이다. 병은 그럼에도 이용자가 증가하고 있음을 고려해 급식비를 지원해야 한다고 보아 해당 경로당에 급식비를 지원해야 한다는 입장이지만 신설 경로당의 ㉠의 충족 여부에 대한 판단에 있어서는 갑, 무와 다르지 않다. 따라서 갑은 신설 경로당의 ㉠의 충족 여부에 관한 판단에서 병, 무와 같으므로 적절하지 않다.

오답 체크

② 을은 제7조의 특별 지원 규정을 통해 신설 경로당을 지원할 수 있다고 주장한다. 따라서 을은 ㉡의 적용을 통해 신설 경로당 지원이 필요하다고 보므로 적절하다.

③ 병은 경로당의 이용자 수의 증가를 근거로 제7조 특별 지원 규정에 따라 급식비를 지원받아야 한다고 주장한다. 따라서 병은 경로당 이용자 수의 증가 추세를 ㉡의 특별한 사유에 해당하는 것으로 해석하므로 적절하다.

④ 정은 조례의 목적을 고려해 급식비를 지원하는 것이 맞다고 주장한다. 따라서 정은 ㉢을 근거로 조례의 목적에 부합하는 해석을 해야 한다고 보므로 적절하다.

⑤ 무는 제4조의 명확한 기준을 따르되, 행정의 일관성과 예측 가능성을 위해서는 규정에 충실해야 하며 실제로 급식비 사용 내역과 정산이 투명하게 이루어질 수 있는지도 고려해야 한다고 주장한다. 따라서 무는 ㉠의 문언뿐만 아니라 실질적 조건도 고려해야 한다고 보므로 적절하다.

25 논지·견해 분석 정답 ③

쟁점 1은 개인정보 유출 사고에 대한 일률적 대응 의무의 필요성에서 비롯된 논쟁이고, 쟁점 2는 금융기관의 자율규제 효과성과 법적 의무화 필요성에서 비롯된 논쟁이다.

ㄱ. 쟁점 1에서 갑은 개인정보 유출에 대해 다음이 필요하다고 주장하는 반면, 을은 신설 조항이 유출 피해의 규모나 중대성을 고려하지 않고 일률적으로 적용되므로 신설조항이 불합리하다고 주장한다. 따라서 을은 개인정보 유출의 심각성을 사안별로 구분하여 대응해야 한다고 생각하는 반면, 갑은 모든 개인정보 유출은 동일한 수준의 신속한 대응이 필요하다고 생각하기 때문이라면 갑과 을 사이의 의견 불일치를 설명할 수 있으므로 적절하다.

ㄴ. 쟁점 2에서 갑은 신설 조항이 없으면 금융기관이 정보 유출 사건을 은폐하거나 대응을 지연시킬 수 있어 소비자 피해가 확대될 수 있다고 주장하는 반면 을은 금융기관들은 이미 자율적인 개인정보 보호 체계를 구축하여 운영하고 있으므로 신설 조항 없이도 소비자 보호가 충분히 이루어진다고 주장한다. 따라서 갑은 금융기관의 자율규제만으로는 소비자 보호가 미흡하다고 보고, 을은 현행 자율규제만으로도 소비자 보호가 충분히 이루어진다고 보므로 적절하다.

오답 체크

ㄷ. '금융기관은 개인정보 유출 사고 발생 시, 유출 규모가 1,000건을 초과하는 경우에만 48시간 이내에 해당 고객 및 금융감독원에 통지하고, 요청하는 고객에 한해 1년간 신용정보 모니터링 서비스를 제공해야 한다.'는 신설조항 수정안은 유출 규모가 1,000건 초과 시에만 통지', '48시간 이내 통지', '요청 고객에 한해 1년간 모니터링'이라는 완화된 조건을 담고 있다. 갑은 24시간에서 48시간으로 통지 시간이 연장되어 소비자 보호가 약화되므로 신설 조항 수정안을 추가하는 데에 동의하지 않을 것이다. 을은 규모에 따른 차등 적용이라는 점은 긍정적인 입장일 것이나 그 규모에 대한 기준에 만족하는지는 알 수 없다. 따라서 갑과 을 모두 신설 조항 수정안을 추가하는 데에 동의한다고 볼 수 없으므로 적절하지 않다.

1 법·규정의 적용

정답 ⑤

첫 번째 법조문 제4항 제2호에서 검사증서의 유효기간이 끝나기 전 3개월이 되는 날 이후에 정기검사를 받은 경우 종전 선박검사증서의 유효기간 만료일의 다음 날부터 새로운 선박검사증서의 유효기간을 기산한다고 했다. 선박이 최초로 발급받은 선박검사증서의 유효기간 만료일은 2025.3.16.이므로 2025.2.20. 정기검사를 받았다면 새로운 선박검사증서의 유효기간은 2025.3.17.부터 기산한다. 따라서 새로운 선박검사증서의 유효기간은 2025.3.17.부터 5년 후인 2030.3.16. 만료됨을 알 수 있다.

오답 체크

① 첫 번째 법조문 제4항 제4호 및 제5항에서 국제협약검사증서의 유효기간이 끝난 후에 정기검사를 받은 경우에는 종전 국제협약검사증서의 유효기간 만료일의 다음 날부터 유효기간이 기산된다고 했다. 따라서 새로운 국제협약검사증서의 유효기간은 정기검사를 받은 날부터 3년이 아닌 종전 국제협약검사증서의 유효기간 만료일의 다음 날부터 3년임을 알 수 있다.

② 두 번째 법조문 제2호에서 선박이 항해를 시작한 항구로 회항할 때까지의 항해거리가 1천 해리를 넘지 않는 단거리의 항해에 사용되는 경우 국제협약검사증서로 한정하여 1개월 이내에서 유효기간을 연장할 수 있다고 했다. 따라서 선박검사증서의 유효기간을 연장할 수 있는 것은 아님을 알 수 있다.

③ 첫 번째 법조문 제1항에서 해양수산부장관은 검사에 합격한 선박에 대하여 선박검사증서 또는 국제협약검사증서를 교부하여야 한다고 했다. 따라서 해양수산부장관은 선박시설 검사에 합격한 선박의 소유자에게 선박검사증서 또는 국제협약검사증서를 교부하는 것은 재량사항이 아닌 의무사항임을 알 수 있다.

④ 두 번째 법조문 제1호에서 선박이 정기검사를 받기 곤란한 장소에 있는 경우 3개월 이내에서 국제협약검사증서의 유효기간을 연장할 수 있다고 했다. 선박이 최초로 발급받은 국제협약검사증서의 유효기간은 2024.9.4.까지이므로 정기검사를 받기 곤란한 장소에 있는 경우에는 국제협약검사증서의 유효기간을 2024.12.4.까지 연장할 수 있다. 따라서 그 이후인 2024.12.6.까지 연장할 수는 없음을 알 수 있다.

2 법·규정의 적용

정답 ⑤

첫 번째 법조문 제2항 제1호에서 이용자의 고의나 중대한 과실이 있는 경우, 그 책임의 전부 또는 일부를 이용자 부담으로 할 수 있다는 취지의 약정을 미리 체결한 경우 금융회사는 그 책임의 전부 또는 일부를 이용자가 부담하게 할 수 있다고 했고, 동조 제3항에서는 이러한 이용자의 고의나 중대한 과실은 전자금융거래 약관에 기재된 것에 한한다고 했다. 따라서 이용자의 중대한 과실로 인한 사고 발생 시 이용자가 책임을 부담한다는 약정이 있더라도, 그 구체적 내용이 약관에 명시되지 않았다면 금융회사는 해당 약정을 근거로 책임을 면할 수 없음을 알 수 있다.

오답 체크

① 첫 번째 법조문 제1항에서 금융회사는 접근매체의 위조나 변조 등으로 발생한 사고로 인한 손해를 배상할 책임을 진다고 하였으나, 금융회사의 보험 가입 여부 등 책임 면제 요건에 관한 규정은 알 수 없다.

② 두 번째 법조문에서 금융회사가 이용자로부터 접근매체의 분실이나 도난 등의 통지를 받은 그 때부터 제3자가 그 접근매체를 사용함으로 인하여 발생한 손해를 배상할 책임을 진다고 했으므로 통지 이전에 발생한 손해에 대한 책임 규정은 없음을 알 수 있다.

③ 세 번째 법조문에서 금융회사가 안전성 확보의무를 위반하여 전자금융거래의 안전성과 신뢰성에 중대한 영향을 미치는 경우 과징금을 부과할 수 있다고 하였으나, 피해보상에 관한 규정은 알 수 없다.

④ 첫 번째 법조문 제2항 제2호에서 법인(소기업 제외)인 이용자에게 손해가 발생한 경우로 금융회사가 사고 방지를 위한 보안절차를 수립하고 철저히 준수하는 등 충분한 주의의무를 다한 경우에는 금융회사가 책임의 전부 또는 일부를 이용자에게 부담시킬 수 있다고 했으므로 항상 손해배상 책임을 지는 것은 아님을 알 수 있다.

3 법·규정의 적용

정답 ④

마지막 법조문 제1항에서 공공기관의 장은 소속 공직자가 법에 위반하는 사실을 발견한 경우 해당 공직자에게 위반행위의 시정·정지를 명령하여야 한다고 했고, 동조 제2항에서 소속기관장은 공직자가 제1항의 명령에도 불구하고 시정·정지 명령을 이행하지 않거나 위법한 직무처리로 인하여 공공기관에 재산상 손해를 끼친 경우 진행 중인 직무의 중단·취소 또는 이미 행한 직무의 무효 또는 취소를 명할 수 있다고 했다. 따라서 戊도지사가 소속 공무원의 이 법 위반 사실을 발견한 경우, 해당 공무원에게 위반행위의 시정·정지를 명령해야 하고 이를 이행하지 않으면 직무의 취소를 명할 수 있음을 알 수 있다.

오답 체크

① 두 번째 법조문 제1항에서 공직자는 직무관련자가 사적 이해관계자임을 안 때에는 소속기관장에게 그 사실을 서면으로 신고하고 회피를 신청하여야 한다고 했다. 따라서 乙이 직무관련자가 자신의 4촌 이내 친족임을 알게 된 경우, 소속기관장인 甲시장에게 회피를 신청해야 함을 알 수 있다.

② 네 번째 법조문 제1항과 제2항에서 고위공직자는 최근 3년간 민간부문에서 업무활동·영리행위 등의 내용과 소득 내역을 소속기관장에게 신고하여야 하며, 소속기관장은 신고된 내용을 공개할 수 있다고 했다. 따라서 고위공직자가 신고한 내용 중 최근 1년간의 내역만 공개할 수 있는 것은 아님을 알 수 있다.

③ 세 번째 법조문 제2항에서 공직자는 자신이 소속된 공공기관에 자신 또는 가족의 채용에 관한 부당한 영향력을 행사해서는 아니 된다고 규정하고 있으나, 실제 채용 여부에 관한 규정은 알 수 없다.

⑤ 두 번째 법조문 제2항에서 소속기관장은 제1항에 따른 신고·회피 신청이 있거나 직접 그 사실을 안 때에는 해당 공직자의 직무수행에 지장이 있다고 인정하는 경우 직무 참여 일시중지 명령, 직무재배정 또는 직무대리자 지정 등의 조치를 하여야 한다고 했으므로 己구청장은 공직자가 직무관련자가 사적 이해관계자임을 알고 신고·회피 신청을 한 모든 경우가 아닌 직무수행에 지장이 있다고 인정하는 경우에 대해서만 직무재배정 등의 조치를 취해야 함을 알 수 있다.

4 법·규정의 적용

정답 ②

ㄱ. 제○○조 제3항 제2호에서 납부기한이 지난 날부터 1주일이 지난 다음 납부하는 경우에는 체납된 폐기물부담금의 100분의 3에 해당하는 금액을 가산금으로 부과한다고 했다. A사는 납부기한인 3월 31일로부터 10일이 지난 4월 10일에 체납된 폐기물부담금 600만 원을 납부하였으므로 1주일이 지난 경우에 해당하여 부과되는 가산금은 600만 원의 100분의 3인 18만 원임을 알 수 있다.

ㄹ. 제○○조 제2항 제2호에서 환경부장관과 회수·재활용에 관한 자발적 협약을 체결하고 이를 이행한 제조업자 또는 수입업자가 제조 또는 수입한 제품·재료에 대해서는 폐기물부담금을 부과하지 않는다고 했다. 따라서 A사가 자발적 협약을 체결하고 이행했다면 폐기물부담금을 면제받을 수 있음을 알 수 있다.

오답 체크

ㄴ. 제○○조 제4항에서 환경부장관은 제3항에 따라 산출된 폐기물부담금이 1만 원 미만인 경우에는 이를 징수하지 아니할 수 있다고 했다. 따라서 폐기물부담금이 1만 원 초과가 아닌 1만 원 미만인 경우, 환경부장관은 해당 부담금을 징수를 하지 않을 수 있음을 알 수 있다.

ㄷ. 제△△조 제1호에서 환경부장관은 폐기물부담금을 내야 하는 자가 천재지변이나 그 밖의 재해로 제조업자나 수입업자의 재산에 중대한 손실이 발생한 경우 납부기한 전에 폐기물부담금을 낼 수 없다고 인정하면 징수를 유예할 수 있다고 했다. 이는 환경부장관의 재량 사항으로, 반드시 유예해야 하는 것은 아님을 알 수 있다.

5 세부 정보 파악

정답 ②

두 번째 단락에서 현무암질 용암은 1,000℃ 이상의 고온과 낮은 점성으로 인해 빠른 유동성을 보이는 반면, 유문암질 용암은 700~800℃의 상대적 저온과 높은 점성으로 인해 저속으로 이동한다고 했으므로 현무암질 용암은 유문암질 용암보다 온도가 높고 점성이 낮아 더 빨리 흐르는 특성이 있음을 알 수 있다.

오답 체크

① 세 번째 단락에서 화산재와 용암의 장기적 풍화작용은 칼륨, 인, 마그네슘 등 다양한 미네랄이 풍부한 토양을 발달시켜 식생의 생장에 최적화된 환경을 제공한다고 하였으므로 화산 활동으로 형성된 토양이 농작물 재배에 적합하지 않은 것은 아님을 알 수 있다.

③ 두 번째 단락에서 화산쇄설물은 마그마의 폭발적 분출 과정에서 생성되는 미립자로, 대기 중에 오래 머물며 기후에 일시적 영향을 미친다고 하였으므로 대기권에 단시간만 체류하므로 기후 변동에 미치는 영향이 미미한 것은 아님을 알 수 있다.

④ 첫 번째 단락에서 폭발형 화산은 이산화규소 함량이 높은 유문암질 마그마가 폭발적으로 분출하는 특징이 있다고 하였으므로 폭발형 화산은 이산화규소 함량이 낮은 현무암질 마그마의 급속한 가스 방출로 인해 폭발적 분출 양상을 보이는 것은 아님을 알 수 있다.

⑤ 세 번째 단락에서 마그마에서 방출되는 열에너지는 지하수를 가열해 온천이나 간헐천을 형성하며, 이러한 지열은 전력 생산에 효율적으로 활용된다고 했으므로 지열 에너지의 주요 원천은 지각 내부의 방사성 원소 붕괴열이 아닌 마그마의 열임을 알 수 있다.

6 계산·비교

정답 ④

乙은 2025년 5월 15일부터 5월 24일까지 평일 7일, 주말 3일간 작업하였다. 이에 따른 항목별 지급 금액은 다음과 같다.

- 작업비: 90,000×7+90,000×3×1.5=1,035,000원
- 회의참석비
  1) 중간 보고회 2회: (60,000+20,000)×2=160,000원
  2) 최종 보고회 1회: 60,000+20,000×2=100,000원
  총 회의참석비는 160,000+100,000=260,000원이다.
- 문서작성비
  1) 30페이지의 웹디자인 가이드라인 문서: 7,000×20+5,000×10=190,000원
  2) 40페이지의 홈페이지 디자인 상세 설명서: 7,000×20+5,000×20=240,000원
  총 문서작성비는 190,000+240,000=430,000원이다.

따라서 甲기업이 프리랜서 乙에게 원천징수 후 지급하는 금액은 (1,035,000+260,000+430,000)×0.97=1,673,250원이다.

7 논리퍼즐

정답 ④

세 사람의 최고 점수와 최저 점수의 차이는 5점이므로 가능한 최고 점수와 최저 점수의 조합은 (10점, 5점), (8점, 3점), (5점, 0점)이다. 丙은 乙보다 높은 점수를 얻었으므로 최고 점수를 받을 수 있는 사람은 甲 또는 丙이다. 또한, 상자에는 4개의 공이 남았으며, 남은 공 중에는 같은 색의 공이 없다고 하였으므로 甲, 乙, 丙이 뽑은 6개의 공 중 한 가지 색만 두 번 뽑히고 나머지 색은 한 번씩 뽑혔음을 알 수 있다. 최고 점수와 최저 점수의 조합에 따른 경우는 다음과 같다.

〈경우 1〉 최고 점수가 10점, 최저 점수가 5점인 경우

i) 甲이 최고 점수를 받은 경우
甲이 빨간색 공 두 개를 뽑은 경우 10점을 받고, 丙은 乙보다 높은 점수를 얻었으므로 乙은 최저 점수인 5점을 받는다. 이때 5점에 해당하는 공의 조합은 파란색과 노란색 공이므로 丙은 초록색과 검은색 공을 뽑게 되는데 이 경우 丙의 점수가 0점으로 최저점이 되므로 옳지 않은 경우이다.

ii) 丙이 최고 점수를 받은 경우
丙은 같은 색 공 두 개를 뽑아 10점을 받는다. 甲이 뽑은 공 중 하나는 빨간색으로 5점에 해당하는 공의 조합이 불가능하므로 乙이 파란색과 노란색 공을 뽑아 5점으로 최저 점수를 받게 된다. 이에 따라 甲의 점수는 최고 점수인 10점과 최저 점수인 5점 사이의 점수여야 하며, 빨간색 공 하나를 뽑았으므로 가능한 경우는 빨간색+파란색(8점) 또는 빨간색+노란색(6점)인데 이 경우 같은 색 공이 두 번 뽑히게 되므로 옳지 않은 경우이다.

〈경우 2〉 최고 점수가 8점, 최저 점수가 3점인 경우

i) 甲이 최고 점수를 받은 경우
甲은 빨간색과 파란색 공을 뽑아 8점을 받고, 丙은 乙보다 높은 점수를 얻었으므로 乙은 파란색과 초록색 공을 뽑아 3점을 받는다. 丙은 4점에서 7점 사이의 점수를 받아야 하나 남은 공의 조합은 노란색과 검은색으로 0점을 받으므로 옳지 않은 경우이다.

ii) 丙이 최고 점수를 받은 경우
丙은 빨간색과 파란색 공을 뽑아 8점을 받고 乙은 파란색과 초록색 공을 뽑아 3점을 받는다. 甲은 丙은 4점에서 7점 사이의 점수를 받아야 하나 남은 공의 조합은 빨간색과 검은색으로 0점을 받으므로 옳지 않은 경우이다.

〈경우 3〉 최고 점수가 5점, 최저 점수가 0점인 경우

i) 甲이 최고 점수를 받은 경우
5점에 해당하는 공의 조합은 파란색과 노란색 공을 뽑은 경우로 옳지 않은 경우이다.

ii) 丙이 최고 점수를 받은 경우
丙은 파란색과 노란색 공을 뽑아 5점을 받고, 乙이 뽑은 공 중에는 검은색이 없으므로 甲은 빨간색과 검은색 공을 뽑아 0점을 받는다. 乙은 2점에서 4점의 점수를 받아야 하므로 가능한 경우는 총 3가지이다.

구분	공의 조합 및 점수
甲	빨간색+검은색(0점)
乙	노란색+초록색(2점) 또는 파란색+초록색(3점) 또는 빨간색+초록색 (4점)
丙	파란색+노란색(5점)

ㄷ. 丙이 뽑은 공 중에는 파란색 공이 포함되어 있으므로 옳은 설명이다.

ㄹ. 3가지 경우에서 초록색 공은 한 번 뽑혀 상자에 남은 4개의 공 중 초록색 공은 1개이므로 옳은 설명이다.

오답 체크

ㄱ. 甲이 뽑은 나머지 한 공은 검은색이므로 옳지 않은 설명이다.

ㄴ. 乙이 받은 점수는 2점 이상이므로 옳지 않은 설명이다.

8 규칙 적용

정답 ④

각 가구의 감축율 및 기본 지급량을 먼저 계산하고, 추가 지급에 따른 탄소배출권 최종 지급량을 산정한다.

구분	감축율	기본 지급량	최종 지급량
가	{(350−280)/350}×100=20%	20%×20=4포인트	4×(1+0.2+0.1)=5.2포인트
나	{(350−245)/350}×100=30%	30%×30=9포인트	9×(1+0.3)=11.7포인트
다	{(350−301)/350}×100=14%	14%×40=5.6포인트	5.6×(1+0.2+0.1+0.3)=8.96포인트
라	{(350−224)/350}×100=36%	36%×30=10.8포인트	10.8×(1+0.1)=11.88포인트

따라서 9월 탄소배출권 지급량이 10포인트 이상인 가구는 나, 라이다.

9 세부 정보 파악

정답 ⑤

ㄷ. 세 번째 단락에서 골연령이 역연령보다 2년 이상 앞서 있다면 조기 사춘기나 성조숙증을 의심할 수 있으며, 골연령이 역연령보다 앞서 있는 경우 조기에 골단 융합이 일어나 성장이 빨리 멈출 가능성이 높아 최종 신장이 낮아질 수 있다고 했으므로, 골연령이 역연령보다 앞서 있으면 최종 신장이 낮아질 가능성이 있음을 알 수 있다.

ㄹ. 네 번째 단락에서 로스리치–골드스타인 방법은 앞의 공식보다 더 많은 변수들을 고려하여 정확도를 높인 방식으로, 부모의 신장과 아이의 성숙도까지 반영한다고 했으므로, 로스리치–골드스타인 방법은 정확성을 향상시키기 위해 베일리–피노 공식보다 더 광범위한 변수들을 통합하며, 여기에는 부모의 키 정보가 포함됨을 알 수 있다.

오답 체크

ㄱ. 세 번째 단락에서 골연령이 역연령보다 2년 이상 앞서 있다면 조기 사춘기나 성조숙증을 의심할 수 있다고 했으므로 역연령이 골연령보다 2년 이상 앞선 경우 조기 사춘기 가능성이 높은 것이 아님을 알 수 있다.

ㄴ. 두 번째 단락에서 카르팔(Carpal) 방법은 손목뼈만을 평가하여 골연령을 측정하는데, 이 방법은 주로 6세 이하의 영유아에게 적합하다고 했으므로 모든 연령대에 적용 가능한 보편적인 방식은 아님을 알 수 있다.

10 규칙 적용

정답 ③

마지막 단락에서 베일리-피노 공식에 따르면 최종 신장은 현재 신장과 현재 신장에 해당 성별 및 골연령별의 계수를 차례로 곱한 값을 합산하여 산출된다고 했다. 이에 따라 현재 신장이 145cm, 골연령인 14.5세에 따른 계수 0.15, 남아의 계수 1.6을 적용하여 계산한 최종 예상 신장은 $145+(145\times0.15\times1.6)=179.8$cm이다.

따라서 (가)에 해당하는 수는 179.8이다.

11 법·규정의 적용

정답 ③

제□□조 제1항에서 제△△조 전단에 따른 신청에 대해서는 기한 만료일 전에 그 승인 여부를 통지하여야 한다고 했으므로 기한 만료일까지가 아닌 기한 만료일 전에 통지해야 함을 알 수 있다.

오답 체크

① 제○○조 제3항에서 신고와 관련된 기한연장은 9개월을 넘지 않는 범위에서 관할 세무서장이 할 수 있다고 했으므로 신고와 관련된 기한연장은 최대 9개월까지만 가능함을 알 수 있다.

② 제○○조 제1항 제2호에서 납세자 또는 그 동거가족이 질병이나 중상해로 6개월 이상의 치료가 필요하거나 사망하여 상중(喪中)인 경우를 기한연장 사유로 규정하고 있다. 따라서 5개월 치료는 6개월 이상이라는 요건에 미치지 못하므로 기한연장 사유에 해당하지 않음을 알 수 있다.

④ 제△△조에서 기한 만료일 3일 전까지 신청하는 것이 원칙이지만, 같은 조 후단에서 해당 행정기관의 장은 기한연장을 신청하는 자가 기한 만료일 3일 전까지 신청할 수 없다고 인정하는 경우에는 기한의 만료일까지 신청하게 할 수 있다고 규정하고 있으므로 납세자는 기한 만료일까지 신청이 할 수 있음을 알 수 있다.

⑤ 제□□조 제2항에서 행정기관의 장은 정전, 프로그램의 오류나 그 밖의 부득이한 사유로 한국은행 및 체신관서의 정보통신망의 정상적인 가동이 불가능한 사유가 전국적으로 일시에 발생하는 경우 관보 또는 일간신문에 공고하는 방법으로 기한연장 신청에 대한 승인 여부 통지를 갈음할 수 있다고 했다. 따라서 행정기관의 장은 통신 프로그램 오류로 체신관서의 정보통신망이 정상적으로 가동되지 않는 경우 일간신문에 공고하여 기한연장 신청에 대한 승인 여부를 통지할 수 있음을 알 수 있다.

12 규칙 적용

정답 ③

먼저 A~E가 가진 카드에 적힌 숫자를 각각 a~e라고 하면, 세 번째 정보를 통해, $d=c-3$, $e=(c+1)/2$이고, e가 자연수이므로 c는 홀수임을 알 수 있다. a~e의 평균이 24이므로 이와 유사한 값인 25를 c에 대입해 본다. $c=25$일 때, $d=22$, $e=13$임을 알 수 있고, b는 22보다 크고 26보다 작으므로 가능한 수는 23, 24, 25이다. a~e의 수가 모두 다르므로 이 중 23, 24만 가능하며 이때 $a=b+d+1$이므로 각각 46, 47이 된다. a~e를 모두 더하면 두 경우 모두 120이 넘으므로 정보에 부합하지 않는다. $c=23$일 때, $d=20$, $e=12$이며, 마찬가지로 b는 20보다 크고 24보다 작으므로 21, 22가 가능하다. 각각의 경우 a는 42, 43이 되고 이 중 a~e의 합이 120이 되는 경우는 $a=43$, $b=22$인 경우이다. 즉 $a=43$, $b=22$, $c=23$, $d=20$, $e=12$이다. 한편, 앞의 과정을 통해 c가 23보다 작아지면 평균이 24보다 작아지는 것을 유추할 수 있으므로, 정보와 일치하는 조합은 유일하다. 이에 따라 카드 변경 전의 카드에 적힌 숫자는 $a=43$, $b=22$, $c=23$, $d=20$, $e=12$이고, 〈상황〉에 따라 카드 변경 후 카드에 적힌 숫자는 $a=48$, $b=23$, $c=22$, $d=27$, $e=15$이다.

따라서 가장 큰 수는 48, 가장 작은 수는 15이므로 두 수의 차는 $48-15=33$이다.

13 세부 정보 파악

정답 ③

세 번째 단락에서 녹화된 표면은 반사율 조정과 증발산 촉진을 통해 표면온도를 저감시키며, 특히 옥상녹화는 건물 에너지 효율 향상에도 기여하는데, 이는 녹지층이 단열재 역할을 수행하여 냉난방 에너지 수요를 감소시키기 때문이라고 했으므로 옥상녹화가 열섬현상 완화와 에너지 효율성 향상에 동시에 기여함을 알 수 있다.

오답 체크

① 두 번째 단락에서 도시열섬현상은 계절적으로는 여름보다 겨울에 더 강하게 나타난다고 하였으므로 태양복사가 강한 여름철에 가장 극명하게 나타나는 것은 아님을 알 수 있다.

② 두 번째 단락에서 건물 간 협곡구조는 복사트랩 현상을 일으켜 열섬효과를 심화시킨다고 했으므로, 건물 간 협곡구조가 냉각된 공기의 도심 유입을 촉진하는 것이 아님을 알 수 있다.

④ 첫 번째 단락에서 도시를 구성하는 인공재는 주간에 열에너지를 과도하게 축적하여 야간에 방출되어 도시의 야간 기온을 상승시킨다고 했으므로 도시 내 건물과 도로의 재료는 주간에 열을 축적하고 야간에 열을 방출하는 특성이 있음을 알 수 있다.

⑤ 세 번째 단락에서 중소규모의 녹지를 도시 전체에 고르게 분포시키는 것이 대규모 공원 몇 개를 조성하는 것보다 효과적이라고 했으므로, 대규모 공원보다 중소규모 녹지의 분산 배치가 열섬현상 완화에 더 효과적임을 알 수 있다.

14 규칙 적용

정답 ②

- A 사업장: 중소기업 제조업으로 지원 대상이다. 탄소 배출량 감축 목표가 8%로 10% 미만이지만 녹색기술 인증을 받았으므로 해당 기준을 충족하였다. 또한, 에너지 효율 인증도 받았으므로 모든 조건을 충족하여 탄소중립 지원금 대상으로 선정된다.
- B 사업장: 중견기업 제조업으로 지원 대상이고, 탄소 배출량 감축 목표도 12%로 10% 이상이다. 그러나 에너지 효율 인증을 받지 않았고 창업 3년 미만 기업이 아니므로 탄소중립 지원금 대상으로 선정되지 않는다.
- C 사업장: 사회적기업 제조업으로 지원 대상이다. 탄소 배출량 감축 목표가 6%로 10% 미만이지만, 녹색기술 인증을 받았으므로 해당 기준을 충족하였다. 에너지 효율 인증도 받았으므로 모든 조건을 충족하여 탄소중립 지원금 대상으로 선정된다.
- D 사업장: 석탄채굴 업종으로, 화석연료 채굴·정제 사업장은 지원 제외 대상이므로 지원받을 수 없다.
- E 사업장: 중소기업 제조업이고 탄소 배출량 감축 목표도 11%로 10% 이상이며, 에너지 효율 인증도 받았다. 그러나 2023년에 환경법규 위반 이력이 있으므로 지원 대상에서 제외된다.

따라서 2025년 탄소중립 지원금 대상으로 선정되는 사업장은 A, C이다.

15 계산·비교

정답 ③

최종 초콜릿 제품 75kg을 만들기 위한 원재료의 양과 비용을 역순으로 계산해야 한다.

- 최종 초콜릿 제품 75kg 생산에 필요한 재료량
  - 기본 초콜릿 60kg (비율 4)
  - 설탕 15kg (비율 1)
- 기본 초콜릿 60kg 생산에 필요한 재료량
  - 초콜릿 매스 50kg (비율 5)
  - 우유 가루 10kg (비율 1)
- 초콜릿 매스 50kg 생산에 필요한 재료량
  - 카카오 버터 20kg (비율 2)
  - 카카오 파우더 30kg (비율 3)
- 각 원재료별 비용 계산
  - 카카오 버터: 20kg × 12,000원/kg = 240,000원
  - 카카오 파우더: 30kg × 15,000원/kg = 450,000원
  - 우유 가루: 10kg × 8,000원/kg = 80,000원
  - 설탕: 15kg × 2,000원/kg = 30,000원

따라서 식품 개발팀이 초콜릿 75kg을 개발하는 데 소요되는 최소 비용은 240,000 + 450,000 + 80,000 + 30,000 = 800,000원이다.

16 논리퍼즐

정답 ②

제시된 정보에 따라 각 부문별 점수를 정리하면 다음과 같다.

- 기악 실기 점수는 최고점이 9점, 최저점이 6점이므로 가영(9점) > 라영 = 마영(8점 또는 7점) > 나영 = 다영 = 바영(6점)이다.
- 시창청음 점수는 최고점이 8점, 최저점이 5점이므로 나영(8점) > 다영(7점) > 마영 = 바영(6점) > 가영 = 라영(5점)이다.
- 면접 점수는 최고점이 9점, 최저점이 6점이므로 바영(9점) > 마영(8점) > 다영 = 라영(7점) > 가영 = 나영(6점)이다.

라영과 마영의 기악 실기 점수에 따른 경우는 다음과 같다.

〈경우 1〉 라영과 마영의 기악 실기 점수가 7점인 경우

구분	기악 실기	시창청음	면접	총점
가영	9	5	6	20(합격)
나영	6	8	6	20
다영	6	7	7	20(합격)
라영	7	5	7	19
마영	7	6	8	21(합격)
바영	6	6	9	21(합격)

총점이 21점인 마영과 바영이 합격하고, 총점인 20점인 가영, 나영, 다영 중 면접 점수가 7점으로 가장 높은 다영이 합격하고, 기악 실기 점수가 9점인 가영이 합격한다.

〈경우 2〉 라영과 마영의 기악 실기 점수가 8점인 경우

구분	기악 실기	시창청음	면접	총점
가영	9	5	6	20
나영	6	8	6	20
다영	6	7	7	20(합격)
라영	8	5	7	20(합격)
마영	8	6	8	22(합격)
바영	6	6	9	21(합격)

총점이 각각 22점, 21점인 마영과 바영이 합격하고, 총점이 20점인 가영, 나영, 다영, 라영 중 면접점수가 7점인 다영과 라영이 합격한다.

ㄱ. 바영의 총점은 21점이므로 옳은 설명이다.

ㄹ. 총점이 가장 높은 지원자는 마영 또는 바영이므로 옳은 설명이다.

오답 체크

ㄴ. 기악 실기 점수의 평균은 관악기 연주자가 6.5점 또는 7점, 현악기 연주자가 7.5점으로 관악기 연주자가 더 낮으므로 옳지 않은 설명이다.

ㄷ. 시창청음 점수가 8점인 나영은 합격하지 않았으므로 옳지 않은 설명이다.

17 규칙 적용

정답 ③

각 학생의 최종 점수를 계산하면 다음과 같다.

(단위: 점)

학생	성적점수	거리점수	소득 분위 점수	가점	감점	최종 점수
A	40	40	30	15	5	120
B	37	30	20	15	–	102
C	42	20	30	10	4	98
D	35	40	10	5	5	85
E	39	40	10	15	2	102

따라서 B와 E의 점수는 102점으로 동일하나, 동점일 경우 소득 분위에 따른 점수가 높은 학생이 우선 순위이고 B의 소득 분위 점수가 E의 소득 분위 점수보다 높으므로 E의 최종 순위는 3순위이다.

18 논리퍼즐

정답 ①

丙부서는 가장 많은 인원을, 甲부서는 3명 이상의 인원을, 丁부서는 甲부서보다 많은 인원을, 乙부서는 가장 많은 인원이 배치되는 부서와 가장 적은 인원이 배치되는 부서의 배정 인원의 평균 인원을 배정받아야 한다. 이에 따라 각 부서에 배정되는 인원은 丙부서 > 乙 또는 丁부서 > 甲 부서 순이며, 乙부서에 배정되는 인원은 甲부서에 배정되는 인원과 丙부서에 배정되는 인원의 평균임을 알 수 있다. 또한 배정되는 인원은 소수점 단위로 나타낼 수 없으므로 甲부서에 배정되는 인원이 홀수인 경우 丙부서에 배정되는 인원도 홀수이며, 甲부서에 배정되는 인원이 짝수인 경우 丙부서에 배정되는 인원도 짝수이다. 甲부서의 배치되는 인원에 따라 가능한 경우는 다음과 같다.

〈경우 1〉 甲부서에 배정되는 인원이 3경인 경우

丙부서에 배정되는 인원은 홀수이며, 각 부서에 배정되는 인원은 모두 다르므로 丙부서에 배정되는 인원은 7명부터 가능하다.

i) 丙부서에 배정되는 인원이 7명인 경우
乙부서의 배정 인원은 5명, 丁부서의 배정 인원은 23−(3+7+5)=8명이지만, 이는 丙부서가 가장 많은 인원을 배정받는다는 조건에 위배되므로 옳지 않은 경우이다.

ii) 丙부서에 배정되는 인원이 9명인 경우
乙부서의 배정 인원은 6명, 丁부서의 배정 인원은 23−(3+6+9)=5명이다.

ii) 丙부서에 배정되는 인원이 11명인 경우
乙부서의 배정 인원은 7명, 丁부서의 배정 인원은 23−(3+7+11)=2명이지만, 이는 丁부서가 甲부서보다 많은 인원을 배정받는다는 조건에 위배되므로 옳지 않은 경우이다.

〈경우 2〉 甲부서에 배정되는 인원이 4명인 경우

丙부서에 배정되는 인원은 짝수이며, 각 부서에 배정되는 인원은 모두 다르므로 丙부서에 배정되는 인원은 8명부터 가능하다.

i) 丙부서에 배정되는 인원이 8명인 경우
乙부서의 배정 인원은 6명, 丁부서의 배정 인원은 23−(4+6+8)=5명이다.

ii) 丙부서에 배정되는 인원이 10명인 경우
乙부서의 배정 인원은 7명, 丁부서의 배정 인원은 23−(4+7+10)=2명이지만, 이는 丁부서가 甲부서보다 많은 인원을 배정받는다는 조건에 위배되므로 옳지 않은 경우이다.

〈경우 3〉 甲부서에 배정되는 인원이 5명인 경우

丙부서에 배정되는 인원은 홀수이며, 각 부서에 배정되는 인원은 모두 다르므로 丙부서에 배정되는 인원은 9명부터 가능하다. 해당 경우 乙부서의 배정 인원은 7명, 丁부서의 배정 인원은 23−(5+9+7)=2명이지만, 이는 丁부서가 甲부서보다 많은 인원을 배정받는다는 조건에 위배되므로 옳지 않은 경우이다.

이에 따라 가능한 경우는 다음과 같다.

구분	甲	乙	丙	丁
경우 1	3명	6명	9명	5명
경우 2	4명	6명	8명	5명

따라서 丁부서가 배정받는 인원은 5명이므로 옳은 설명이다.

오답 체크

② 丙부서가 배정받을 수 있는 최대 인원은 9명이므로 옳지 않은 설명이다.

③ 乙부서가 배정받을 수 있는 최대 인원은 6명이므로 옳지 않은 설명이다.

④ 丁부서는 乙부서보다 적은 인원을 배정받으므로 옳지 않은 설명이다.

⑤ 甲부서와 丙부서가 배정받은 인원 합계 12명으로 乙부서와 丁부서가 배정받은 인원 합계인 11명보다 크므로 옳지 않은 설명이다.

19 논리퍼즐

정답 ①

월	화	수	목	금	토	일
		10	11	12	13	14
15	16	17	18	19	20	21

올해 5월 10일부터 21일까지의 달력을 표로 나타내면 위와 같다. 네 번째 조건에 따라 B, D, E행사는 E, D, B 순서로 개최하고, 두 번째 조건에 따라 B, C행사는 C, B 순서로 개최한다. C행사와 D행사의 개최 순서에 따른 경우는 다음과 같다.

〈경우 1〉 D행사가 C행사보다 먼저 개최하는 경우

구분	E			D	C		B
경우 1	15	16	17	18	19	20	21

E행사는 5월 15일부터 개최할 수 있고, 행사는 5월 21일까지이므로 가능한 경우는 위와 같으나, 이는 C행사가 금요일에 개최하지 않는다는 조건에 위배되므로 옳지 않은 경우이다.

〈경우 2〉 C행사가 D행사보다 먼저 개최하는 경우

구분	E		C	D	B
경우 1	15	16	17	18	19
경우 2	16	17	18	19	20
경우 3	17	18	19	20	21

D행사는 B행사보다 먼저 개최하므로 C행사는 D행사보다 1일 먼저 개최한다. 이때 E행사는 5월 15일부터 개최할 수 있고, 행사는 5월 21일까지이므로 E행사가 개최되는 날짜는 5월 15일부터 5월 17일까지이나, 경우 3은 C행사는 금요일에 개최하지 않는다는 조건에 위배되므로 가능한 경우는 경우 1, 2로 2가지이다. 또한, A행사는 목요일인 5월 11일 또는 5월 18일 개최하나, 5월 18일에는 C행사 또는 D행사가 개최되므로 A행사는 항상 5월 11일에 개최됨을 알 수 있다.

따라서 A~E행사 중 날짜가 확정되는 행사는 A행사이다.

20 계산·비교

정답 ②

- 甲이 요청한 물품의 배송거리는 6.5km이므로 기본 요금은 7,500원이다. 甲의 배송 시각은 21시 30분으로 야간 시간대에 해당하므로 기본 요금의 20%인 7,500×0.2=1,500원의 추가 요금이 발생한다. 또한, 긴급 배송을 신청하였으므로 전체 요금인 7,500+1,500=9,000의 30%가 가산된다. 따라서 甲이 지불한 배송 전체 요금은 9,000×1.3=11,700원이다.
- 乙이 요청한 물품의 배송거리는 9.8km이므로 기본 요금은 12,000원이다. 乙의 배송 물품 무게는 3.5kg이므로 초과분 2.5kg에 대하여 1,500×5=7,500원의 추가 요금이 발생한다. 따라서 乙이 지불한 배송 전체 요금은 12,000+7,500=19,500원이다.

따라서 甲과 乙이 각각 지불한 배송 전체 요금의 차이는 19,500−11,700=7,800원이다.

21 논리퍼즐

정답 ①

총 4개의 배역을 6명의 배우에게 배정하므로 A, C, E, F 중 3명이 캐스팅되었고, B, D중 1명이 캐스팅되었음을 알 수 있다. 이때, A, C, E, F 중 C가 캐스팅되지 않는 경우 캐스팅되는 사람은 A, E, F이지만, 이는 A와 F가 모두 캐스팅된다면, E는 캐스팅될 수 없다는 조건에 모순되므로 C는 항상 캐스팅됨을 알 수 있다. 또한, B, D 중 B가 캐스팅되는 경우 D는 캐스팅되지 않지만 이는 B와 C가 함께 캐스팅된다면, D는 반드시 캐스팅되어야 한다는 조건에 모순된다. 이에 따라 B, D 중 캐스팅되는 사람은 D이다. 이에 따라 가능한 경우는 다음과 같다.

구분	캐스팅되는 배우의 역할			
경우 1	C	D	E	F
	조연 1 또는 조연 2		악역	주인공
경우 2	A	C	D	F
	주인공	조연 1 또는 조연 2		악역
경우 3	A	C	D	E
	주인공	조연 1 또는 조연 2		악역

ㄴ. C와 D는 모두 캐스팅되었으므로 옳은 설명이다.

오답 체크

ㄱ. B는 캐스팅되지 않았으므로 옳지 않은 설명이다.

ㄷ. 경우 1과 경우 3에 따르면 A와 F 중 한 사람만 캐스팅되는 경우가 있으므로 옳지 않은 설명이다.

ㄹ. E는 조연 1에 캐스팅되지 않았으므로 옳지 않은 설명이다.

22 논리퍼즐

정답 ④

甲~戊 다섯 명이 제시한 숫자 중 4가 두 번 제시되었으므로 해당 수를 기준으로 경우를 파악한다.

〈경우 1〉 비밀번호에 4가 포함되는 경우

비밀번호에 포함된 4개 숫자의 합은 20이므로 4를 제외한 나머지 숫자의 합은 16이다. 또한 甲과 丁이 제시한 숫자에 따른 결과가 "부분"이므로 5와 9는 비밀번호에 포함되지 않는다. 이에 따라 1, 2, 3, 6, 7, 8 중 숫자 3개를 조합하여 16을 만드는 경우는 (1, 7, 8), (2, 6, 8), (3, 6, 7)이다. 이때 비밀번호가 (2, 4, 6, 8)로 구성되는 경우 乙이 제시한 숫자에 대한 결과 값은 "오류"이어야하며, 비밀번호가 (3, 4, 6, 7)로 구성되는 경우 戊이 제시한 숫자에 대한 결과 값이 "오류"이어야한다.

따라서 비밀번호를 구성하는 번호는 1, 4, 7, 8임을 알 수 있다.

〈경우 2〉 비밀번호에 4가 포함되지 않는 경우

비밀번호에 4가 포함되지 않은 경우 甲과 丁이 제시한 숫자에 따른 결과에 의해 5와 9가 비밀번호에 포함됨을 알 수 있다. 또한, 비밀번호에 포함된 4개 숫자의 합은 20이므로 나머지 두 숫자의 합은 6이지만 1, 2, 3, 6, 7, 8 중 두 개의 숫자를 조합하여 6을 만드는 경우는 없다. 따라서 해당 경우는 옳지 않다.

따라서 비밀번호에 포함된 숫자 중 가장 큰 수와 가장 작은 수의 차이는 8−1=7이므로 (가)에 해당하는 수는 7이다.

23 계산·비교

정답 ④

주어진 조건을 정리하여 C제품의 단가를 x, A제품의 연간 판매량을 y로 나타내어 표로 정리하면 다음과 같다.

구분	단가(만 원)	연간 판매량(개)	매출(만 원)
A	$x+3$	y	$xy+3y$
B	$x+1$	$2y$	$2xy+2y$
C	x	$1.5y+20$	$1.5xy+20x$

이때 세 제품의 총매출이 4,200만 원이므로, $xy+3y+2xy+2y+1.5xy+20x=4.5xy+20x+5y=4{,}200$이다.

x와 y는 각각 10의 배수이므로, 먼저 x에 10의 배수를 대입해보면 $x=10$일 때 $y=80$, $x=20$일 때 $y=40$이므로 위의 식이 성립함을 알 수 있다. 그다음 y에 10의 배수를 대입해보면 $y=10$일 때 $x≒64$, $y=20$일 때 $x≒37$, $y=30$일 때 $x≒26$이므로 조건에 맞지 않는다. 한편, x는 10의 배수이고, $x=10$일 때 $y=80$, $x=20$일 때 $y=40$이므로 그 사잇값에 해당하는 $y=50$, $y=60$, $y=70$은 대입할 필요없이 가능하지 않음을 알 수 있다. 따라서 가능한 조합은 $x=10$, $y=80$과 $x=20$, $y=40$이고, A~C제품의 연간 총판매량을 식으로 나타내면, $y+2y+1.5y+20=4.5y+20$이므로 $y=80$일 때 연간 총판매량이 최대가 된다. $y=80$을 $4.5y+20$에 대입하면, 380이므로 연간 총판매량의 최댓값은 380개이다.

따라서 A~C제품의 연간 총판매량의 최댓값은 380개이다.

24 논리퍼즐

정답 ①

ㄱ. ㉠이 5점인 경우 A의 총점은 22점으로 가장 높다. 이때, ㉢가 5점인 경우 A와 E의 총점은 22점, 맛 점수는 5점, 영양 점수는 3점으로 동일하고 A의 접수번호가 E의 접수번호보다 낮으므로 A가 최우수 특산물로 선정됨을 알 수 있다.

출품작	접수번호	맛	영양	지역성	상품성	혁신성	총점
A	1번	5	3	4	5	5	22
B	5번	4	5	4	3	4	20
C	3번	4	3	5	㉡	4	16+㉡
D	4번	3	5	5	3	5	21
E	2번	㉢	3	4	5	5	17+㉢

오답 체크

ㄴ. 지역성 항목이 평가에서 제외되는 경우 C가 최우수 특산물로 선정되는 반례가 있는지 확인한다. 이때 A~E의 총점은 다음과 같다.

출품작	접수번호	맛	영양	상품성	혁신성	총점
A	1번	5	3	5	㉠	13+㉠
B	5번	4	5	3	4	16
C	3번	4	3	㉡	4	11+㉡
D	4번	3	5	3	5	16
E	2번	㉢	3	5	5	13+㉢

㉠이 2점 이하, ㉡이 5점, ㉢이 2점 이하인 경우 C의 총점은 16점으로 가장 높지만, C의 영양 점수는 3점으로 B의 영양 점수인 5점보다 낮으므로 최우수 특산물로 선정될 수 없음을 알 수 있다.

ㄷ. ㉢이 ㉡보다 작은 경우 E가 최우수 특산물로 선정되는 반례가 있는지 확인한다. ㉠이 3점 이하, ㉡이 5점, ㉢이 4점인 경우 총합이 21점으로 가장 높은 C, D, E 중 최우수 특산물이 선정된다. 이때, 맛점수는 C와 E가 4점으로 같고, 영양 점수도 3점으로 같다. 따라서 접수번호가 더 낮은 E가 최우수 특산물로 선정됨을 알 수 있다.

출품작	접수번호	맛	영양	지역성	상품성	혁신성	총점
A	1번	5	3	4	5	㉠	17+㉠
B	5번	4	5	4	3	4	20
C	3번	4	3	5	5	4	21
D	4번	3	5	5	3	5	21
E	2번	4	3	4	5	5	21

25 규칙 적용

정답 ④

모델 A의 1회당 정비비는 25n억 원이고 1회 발사당 기대수익의 80%는 300×0.8=240억 원이다. 모델 A의 9회차 이후의 발사 과정을 살펴보면 다음과 같다.

9회차 연료 주입(20억 원 투입)−9회차 발사 후 복귀−정비비 산정(225억 원 산정)−9회차 정비(225억 원 투입)−10회차 연료 주입(20억 원 투입)−10회차 발사 후 복귀−정비비 산정(250억 원 산정)−폐기

이에 따라 모델 A는 10회 발사, 9회 정비를 하게 된다. 모델 A의 예상 순이익을 구하면 다음과 같다.

예상 총수익: 300×10=3,000억 원

예상 총비용: 600+20×10+25(1+2+⋯+8+9)=1,925억 원

예상 순이익: 3,000−1,925=1,075억 원

모델 B의 1회당 정비비는 20n+50억 원이고 1회 발사당 기대수익의 80%는 350×0.8=280억 원이다. 11회 발사 후 산정되는 정비비는 270억 원이고 12회 발사 후 산정되는 정비비는 290억 원이므로 12회 발사 후 폐기된다. 이에 따라 모델 B는 12회 발사, 11회 정비를 하게 된다. 모델 B의 예상 순이익을 구하면 다음과 같다.

예상 총수익: 350×12=4,200억 원

예상 총비용: 900+30×12+20(1+2+⋯+10+11)+50×11=3,130억 원

예상 순이익: 4,200−3,130=1,070억 원

모델 C의 1회당 정비비는 40n억 원이고 1회 발사당 기대수익의 80%는 450×0.8=360억 원이다. 9회 발사 후 산정되는 정비비는 360억 원이고 10회 발사 후 산정되는 정비비는 400억 원이므로 10회 발사 후 폐기된다. 이에 따라 모델 C는 10회 발사, 9회 정비를 하게 된다. 모델 C의 예상 순이익을 구하면 다음과 같다.

예상 총수익: 450×10=4,500억 원

예상 총비용: 1,250+35×10+40(1+2+⋯+8+9)=3,400억 원

예상 순이익: 4,500−3,400=1,100억 원

따라서 □□사가 생산할 우주발사체 모델은 모델 C이고, 모델 C 1대의 예상 순이익은 1,100억 원이다.

1 자료매칭

정답 ③

부채 비율(%)$=\frac{부채}{총자산-부채}\times 100$임을 적용하여 소득 분위별 부채 비율을 구하면 다음과 같다.

- 1분위: {20 / (50 − 20)} × 100 ≒ 66.7%
- 2분위: {30 / (80 − 30)} × 100 = 60.0%
- 3분위: {40 / (120 − 40)} × 100 = 50.0%
- 4분위: {50 / (200 − 50)} × 100 ≒ 33.3%
- 5분위: {60 / (300 − 60)} × 100 = 25.0%

따라서 부채 비율이 가장 높은 소득 분위는 1분위, 가장 낮은 소득 분위는 5분위이다.

2 자료계산

정답 ②

각 구역별 에너지 소비량을 구하면 다음과 같다.

- 주차장: 5,000 × 32 = 160,000kWh
- 서점: 2,000 × 70 = 140,000kWh
- 카페: 1,000 × 50 = 50,000kWh
- 중앙홀: 2,000 × 60 = 120,000kWh
- 음식점: 2,000 × 80 = 160,000kWh
- 옷 가게: 3,000 × 90 = 270,000kWh

전체 구역의 에너지 소비량은 160,000 + 140,000 + 50,000 + 120,000 + 160,000 + 270,000 = 900,000kWh이며, 전체 구역의 면적은 5,000 + 2,000 + 1,000 + 2,000 + 2,000 + 3,000 = 15,000m²이다.

따라서 2024년 '갑' 쇼핑몰 전체 구역의 평균 에너지 소비량은 900,000 / 15,000 = 60kWh/m²이다.

3 자료변환

정답 ⑤

〈보고서〉에 온라인 쇼핑몰 인지 경로에 관한 내용은 제시되어 있지 않으므로 [온라인 쇼핑몰 인지 경로 상위 4개 비율]은 〈보고서〉를 작성하는 데 사용되지 않은 자료이다.

오답 체크

① 〈보고서〉의 네 번째 문장에 사용된 자료이다.
② 〈보고서〉의 여섯 번째 문장에 사용된 자료이다.
③ 〈보고서〉의 다섯 번째 문장에 사용된 자료이다.
④ 〈보고서〉의 세 번째 문장에 사용된 자료이다.

4 자료매칭

정답 ⑤

〈정보〉를 근거로 산정된 지역별 월간 순유입 예상 인원은 다음과 같다.

- A: 152 + (36 × 2) + (7 × 5) = 259명
- B: 176 + (28 × 2) + (6 × 5) = 262명
- C: 145 + (42 × 2) + (8 × 5) = 269명
- D: 168 + (32 × 2) + (5 × 5) = 257명

따라서 월간 순유입 예상 인원이 가장 많은 지역은 C, 가장 적은 지역은 D이다.

5 자료변환

정답 ①

ㄱ. 〈보고서〉의 두 번째 문장에 2023년과 2024년의 남학생과 여학생의 대학 진학률에 관한 내용이 제시되어 있으므로 [2023년과 2024년 '갑'국의 성별 대학 진학률]은 〈보고서〉를 작성하기 위해 추가로 필요한 자료이다.

ㄷ. 〈보고서〉의 세 번째~네 번째 문장에 2024년 지역별 대학 진학률에 관한 내용이 제시되어 있으므로 [2024년 '갑'국의 지역별 대학 진학률]은 〈보고서〉를 작성하기 위해 추가로 필요한 자료이다.

오답 체크

ㄴ. 〈보고서〉의 다섯 번째 문장에 고교 졸업자 수에 관한 내용이 제시되어 있지만, 〈표〉와 〈정보〉에 따라 고교 졸업자 수를 구할 수 있으므로 [2023년과 2024년 '갑'국의 고교 졸업자 수]는 〈보고서〉를 작성하기 위해 추가로 필요한 자료가 아니다.

ㄹ. 〈보고서〉에 '갑'국의 대학 유형별 대학 진학자 비율이 제시되어 있지 않으므로, [2023년과 2024년 '갑'국의 대학 유형별 대학 진학자 비율]은 〈보고서〉를 작성하기 위해 추가로 필요한 자료가 아니다.

6 자료매칭

정답 ④

인성검사에서 '미흡'을 받은 E는 채용 대상에서 제외하고 나머지 지원자들을 대상으로 평가점수를 계산하면 다음과 같다.

- A: (92 × 0.3) + (85 × 0.2) + (86 × 0.3) + (90 × 0.2) = 88.4점
- B: (94 × 0.3) + (68 × 0.2) + (82 × 0.3) + (88 × 0.2) − 5 = 79점
- C: (78 × 0.3) + (91 × 0.2) + (76 × 0.3) + (92 × 0.2) = 82.8점
- D: (84 × 0.3) + (82 × 0.2) + (88 × 0.3) + (77 × 0.2) + 5 = 88.4점

따라서 A와 D의 최종 평가점수는 88.4점으로 동일하나, D의 '실무 능력' 점수는 88점으로 A의 '실무 능력' 점수인 86점보다 높으므로 '갑'회사가 채용할 지원자는 D이다.

7 자료변환

정답 ④

ㄱ. 〈보고서〉의 첫 번째 문장에 2020년 대비 2024년 디지털 전환 지수의 증가율에 관한 내용이 제시되어 있으므로 ['갑'국의 연도별 디지털 전환 지수]는 〈보고서〉를 작성하기 위해 추가로 필요한 자료이다.

ㄴ. 〈보고서〉의 세 번째 문장에 A지역과 B지역의 디지털 전환 투자액 비중에 관한 내용이 제시되어 있으므로 [2024년 '갑'국의 지역별 디지털 전환 투자액 비중]은 〈보고서〉를 작성하기 위해 추가로 필요한 자료이다.

ㄷ. 〈보고서〉의 네 번째 문장에 A지역의 디지털 기술 인력에 관한 내용이 제시되어 있으므로 ['갑'국의 지역별 디지털 기술 인력 분포 비율]은 〈보고서〉를 작성하기 위해 추가로 필요한 자료이다.

오답 체크

ㄹ. 〈보고서〉의 다섯 번째 문장에 디지털 기술별 활용 현황이, 여섯 번째 문장에 기업 규모별 디지털 전환 투자액에 관한 내용이 제시되어 있지만, 기업 규모별 디지털 기술 활용 현황에 관한 내용은 제시되어 있지 않으므로 [2024년 '갑'국의 기업 규모별 디지털 기술 활용 지수 비교]는 〈보고서〉를 작성하기 위해 추가로 필요한 자료가 아니다.

8 자료매칭

정답 ①

- 세 번째 〈정보〉에 따라 주요 6개 지역 중 '태양광' 투자액이 높은 지역부터 순서대로 나열하면 A, 레드, B, 블루, 옐로우, C이며, '바이오 에너지' 투자액이 높은 지역부터 순서대로 나열하면 A, 블루, 레드, B, 옐로우, C이다. 이에 따라 A와 C는 각각 '퍼플' 또는 '화이트'이다.
- 네 번째 〈정보〉에 따라 신재생 에너지 투자액의 전년 대비 증가율 상위 2개 지역은 A와 B이므로 A는 '퍼플', B는 '그린'임을 알 수 있다.

따라서 A는 '퍼플', B는 '그린', C는 '화이트'이다.

9 자료이해

정답 ④

전체 가계소득 중 근로소득과 사업소득을 합한 가계소득이 차지하는 비중은 2020년에 {(3,220 + 880) / 4,680} × 100 ≒ 87.6%, 2021년에 {(3,180 + 840) / 4,750} × 100 ≒ 84.6%, 2022년에 {(3,350 + 910) / 5,010} × 100 ≒ 85.0%, 2023년에 {(3,480 + 970) / 5,240} × 100 ≒ 84.9%, 2024년에 {(3,560 + 980)/5,360} × 100 ≒ 84.7%로 2021년에 가장 낮으므로 옳은 설명이다.

오답 체크

① 2020년 전체 가계소득은 3,220+880+270+310=4,680만 원이다. 이때 비소비지출 대비 전체 가계소득의 비율은 2020년에 4,680/700≒6.7, 2021년에 4,750/670≒7.1로 2020년이 2021년보다 낮으므로 옳지 않은 설명이다.

② 2020년 전체 가계소득은 4,680만 원이고, 2021년 공적이전소득은 4,750−(3,180+840+310)=420만 원이다. 이때 전체 가계소득에서 공적이전소득이 차지하는 비중은 2019년에 (300/4,520)×100≒6.6%, 2020년에 (310/4,680)×100≒6.6%, 2021년에 (420/4,750)×100≒8.8%, 2022년에 (430/5,010)×100≒8.6%, 2023년에 (440/5,240)×100≒8.4%, 2024년에 (450/5,360)×100≒8.4%로 가장 높은 해는 2021년이므로 옳지 않은 설명이다.

③ 전체 가계지출에서 소비지출이 차지하는 비중은 2019년에 (3,100/3,780)×100≒82.0%, 2022년에 (3,150/3,910)×100≒80.6%로 2019년이 2022년보다 높으므로 옳지 않은 설명이다.

⑤ 2023년 소비지출은 4,160−780=3,380만 원이고, 2024년 비소비지출은 4,290−3,490=800만 원이다. 이때 2024년 소비지출과 비소비지출의 전년 대비 증가액은 소비지출이 3,490−3,380=110만 원, 비소비지출이 800−780=20만 원이므로 옳지 않은 설명이다.

10 자료논리

정답 ③

• A: 평균 착륙 소요일이 가장 짧은 행성은 소요일이 38일인 테라이다. 이에 따라 A는 '테라'이다.
• B: 샘플 채취량은 마그마가 32kg, 테라가 14kg이다. 이에 따라 B는 '네오'이다.
• C: 착륙 성공률이 높은 행성부터 순서대로 나열하면 크로노스, 네오, 아쿠아, 테라, 마그마 순이고, 데이터 전송량이 많은 행성부터 순서대로 나열하면 테라, 크로노스, 네오, 아쿠아, 마그마 순이다. 이에 따라 C는 '마그마'이다.

따라서 A는 '테라', B는 '네오', C는 '마그마'이다.

11 자료이해

정답 ⑤

ㄴ. 전체 스마트폰 이용자 수×전체 스마트폰 이용률=(남성 스마트폰 이용자 수×남성 스마트폰 이용률)+(여성 스마트폰 이용자 수×여성 스마트폰 이용률)임을 적용하여 구할 때, 스마트폰 이용자 수가 남성과 여성이 같다면 전체 스마트폰 이용률 $=\frac{\text{남성 스마트폰 이용률}+\text{여성 스마트폰 이용률}}{2}$이다. 이때 모든 용도에서 해당 식이 성립하므로 옳은 설명이다.

ㄷ. 2020년 대비 2023년 스마트폰 보유율의 증가폭은 '10대'가 4.1%p, '20대'가 0.1%p, '30대'가 0.7%p, '40대'가 2.2%p, '50대'가 6.5%p, '60대'가 15.7%p, '70대 이상'이 20.8%p이므로 옳은 설명이다.

오답 체크

ㄱ. 2022년과 2023년 '20대'의 스마트폰 보유율은 전년과 동일하므로 옳지 않은 설명이다.

12 자료이해

정답 ③

대출자 수의 전년 대비 증가율은 2021년에 {(285,000−320,000)/320,000}×100≒−10.9%, 2022년에 {(380,000−285,000)/285,000}×100≒33.3%, 2023년에 {(465,000−380,000)/380,000}×100≒22.4%로 가장 높은 해는 2022년이므로 옳지 않은 설명이다.

오답 체크

① 도서관 수는 2020년에 25관, 2021년에 27관, 2022년에 30관, 2023년에 32관으로 매년 전년 대비 증가했으므로 옳은 설명이다.

② 도서관 1관당 방문자 수는 2020년에 850,000/25=34,000명, 2021년에 720,000/27≒26,667명, 2022년에 940,000/30≒31,333명, 2023년에 1,120,000/32=35,000명으로 2021년에 가장 적으므로 옳은 설명이다.

④ 대출자 1명당 대출 권수는 2020년에 1,280,000/320,000=4권, 2021년에 1,140,000/285,000=4권, 2022년에 1,520,000/380,000=4권, 2023년에 1,860,000/465,000=4권이므로 옳은 설명이다.

⑤ 도서관 1관당 대출 권수는 2021년에 1,140,000/27≒42,222권, 2023년에 1,860,000/32=58,125권으로 2021년 대비 2023년 {(58,125−42,222)/42,222}×100≒37.7% 증가했으므로 옳은 설명이다.

13 자료이해

정답 ②

C국의 최대 체류 기간은 10년이지만, E국의 최대 체류 기간은 제한이 없음에 따라 C국의 최대 체류 기간이 가장 긴 것은 아니므로 옳지 않은 설명이다.

오답 체크

① A국은 단기 체류와 장기 체류 모두 '제한 없음'이지만, 영주권 취득은 '조건부 허용'이므로 옳은 설명이다.

③ 최대 체류 기간이 세 번째로 긴 국가는 F국이고, '조건부 허용'되는 항목의 수는 F국이 3개로 가장 많으므로 옳은 설명이다.

④ 영주권 취득이 가장 용이한 국가는 영주권 취득에 제한이 없는 E국이고, E국의 최대 체류 기간은 제한이 없으므로 옳은 설명이다.

⑤ A~F국 전체의 '제한 없음' 항목의 수는 13개, '부분 허용' 항목의 수는 6개로 '제한 없음'이 '부분 허용'의 13/6≒2.2배이므로 옳은 설명이다.

14 자료이해

정답 ⑤

2021년과 2023년의 평균 임금 격차는 '50인 미만'이 281−251=30만 원, '50인 이상 300인 미만'이 358−326=32만 원, '300인 이상'이 517−473=44만 원이므로 옳지 않은 설명이다.

오답 체크

① 근로자 규모가 '300인 이상'인 기업체 수는 2020년에 4,682개, 2021년에 4,725개, 2022년에 4,831개, 2023년에 4,976개, 2024년에 5,043개로 매년 증가했으므로 옳은 설명이다.

② 근로자 규모가 '50인 미만'인 기업의 평균 임금 대비 근로자 규모가 '300인 이상'인 기업의 평균 임금의 비율은 2021년에 473/251≒1.88, 2022년에 495/266≒1.86, 2023년에 517/281≒1.84, 2024년에 538/292≒1.84로 매년 1.5 이상이므로 옳은 설명이다.

③ 2020년 대비 2024년 월평균 근로시간의 감소폭은 '50인 미만'이 174.2−160.8=13.4시간, '50인 이상 300인 미만'이 170.6−158.7=11.9시간, '300인 이상'이 165.3−154.2=11.1시간으로 '300인 이상'이 가장 작으므로 옳은 설명이다.

④ 근로자 규모가 '300인 이상'인 기업체 수 대비 근로자 규모가 '50인 이상 300인 미만'인 기업체 수의 비율은 2022년에 43,942/4,831≒9.1이고, 2024년에 48,128/5,043≒9.5로 2024년이 2022년보다 높으므로 옳은 설명이다.

15 자료매칭

정답 ②

• 〈보고서〉의 두 번째 문장에 따르면 전기차 등록 대수가 2020년 대비 2023년에 3배 이상 증가하지만, A는 358/125≒2.9배로 3배 미만이므로 A는 소거된다.
• 〈보고서〉의 세 번째 문장에 따르면 2021년 이후 전기차 등록 대수의 전년 대비 증가폭이 가장 큰 해는 2023년이지만, E의 전년 대비 증가폭은 2022년에 168−96=72천 대, 2023년에 232−168=64천 대로 2022년에 더 크므로 E는 소거된다.
• 〈보고서〉의 네 번째 문장에 따르면 전기차 등록 대수는 순수 전기차가 플러그인 하이브리드의 2배 이상이어야 하지만, D는 242/130≒1.9배이므로 D는 소거된다.
• 〈보고서〉의 다섯 번째 문장에 따르면 2023년 '갑'국의 플러그인 하이브리드 등록 대수가 A~E국 플러그인 하이브리드 등록 대수의 합에서 차지하는 비중은 17%를 초과한다. A~E국 플러그인 하이브리드 등록 대수의 합은 143+95+83+130+101=552천 대로, 그중 B가 (95/552)×100≒17.2%, C가 (83/552)×100≒15.0%를 차지하므로 C가 소거된다.

따라서 '갑'국에 해당하는 국가는 B이다.

16 자료이해

정답 ⑤

ㄴ. 심각도는 부상자 100명당 중상자 수임에 따라 중상자 수 $=\frac{\text{심각도}\times\text{부상자 수}}{100}$임을 적용하여 구하면, 중상자 수는 '고속도로'가 (13,267×18.5)/100≒2,454명, '일반국도'가 (42,387×22.4)/100≒9,495명으로 '일반국도'가 '고속도로'의 9,495/2,454≒3.9배이므로 옳은 설명이다.

ㄷ. '지방도' 사고 건수는 249,127−(7,845+26,483+98,735)=116,064건이다. 이때 전체 사고 건수에서 '지방도' 사고 건수가 차지하는 비중은 (116,064/249,127)×100≒46.6%이므로 옳은 설명이다.

ㄹ. '시내도로' 부상자 수는 259,655－(13,267＋42,387＋69,745)＝134,256명이다. 이에 따라 사고 건수가 두 번째로 많은 도로와 부상자 수가 가장 많은 도로는 모두 '시내도로'이므로 옳은 설명이다.

오답 체크

ㄱ. 도로 유형별 사고 건수 대비 사망자 수의 비율은 '고속도로'가 (254/7,845)×100≒3.2%, '일반국도'가 (976/26,483)×100≒3.7%, '지방도'가 (1,482/116,064)×100≒1.3%, '시내도로'가 (872/98,735)×100≒0.9%이므로 옳지 않은 설명이다.

17 자료이해

정답 ⑤

인구밀도의 전년 대비 증가율이 '중부' 지역과 1%p 이내로 차이나는 지역은 '동부' 지역과 '서부' 지역으로, 두 지역의 인구밀도는 모두 '중부' 지역보다 높으므로 옳은 설명이다.

오답 체크

① 인구밀도가 낮은 지역부터 순서대로 나열하면 '북부', '남부', '중부', '서부', '동부', '수도권'이고, 인구밀도의 전년 대비 증가율이 높은 지역부터 순서대로 나열하면 '북부', '수도권', '남부', '동부', '서부', '중부'이므로 옳지 않은 설명이다.
② 인구밀도의 전년 대비 증가율이 2% 미만인 지역과 2% 이상인 지역 모두 3곳으로 동일하므로 옳지 않은 설명이다.
③ '수도권' 지역의 인구밀도는 '동부' 지역의 인구밀도의 4,285/1,870≒2.3배이므로 옳지 않은 설명이다.
④ 인구밀도의 전년 대비 증가율이 가장 높은 지역은 '북부'이고 가장 낮은 지역은 '중부'로, '북부'와 '중부'의 인구밀도의 차이는 1,230－625＝605명/km^2이므로 옳지 않은 설명이다.

18 자료이해

정답 ④

ㄱ. 2022년 최상위층에서 2024년에 계층이 하락한 가구 수는 1,240×0.158≒196천 가구이고, 2022년 상위층에서 2024년에 계층이 상승한 가구 수는 2,860×0.125≒358천 가구로 전자가 후자의 196/358≒0.55배이므로 옳은 설명이다.
ㄴ. 2022년 대비 2024년에 소득계층별로 소득계층이 상승한 가구 수는 최상위층은 0가구, 상위층은 2,860×0.125≒358천 가구, 중위층은 5,730×0.143≒819천 가구, 하위층은 3,450×0.217≒749천 가구이므로 옳은 설명이다.

오답 체크

ㄷ. 2022년 최상위층과 상위층에서 하락한 가구와 하위층에서 상승한 가구가 모두 2024년에 중위층으로 이동했다고 하더라도 2024년 중위층 가구 수는 (5,730×0.684)＋(1,240×0.158)＋(2,860×0.139)＋(3,450×0.217)≒5,262가구이므로 옳지 않은 설명이다.

19 자료이해

정답 ⑤

전체 출생 성비보다 출생 성비가 높은 지역은 2019년에 3개, 2020년에 4개, 2021년에 3개, 2022년에 3개, 2023년에 3개이고, 전체 출생 성비보다 출생 성비가 낮은 지역은 2019년에 2개, 2020년에 1개, 2021년에 2개, 2022년에 2개, 2023년에 2개이므로 옳은 설명이다.

오답 체크

① 모든 지역에서 출생아 수는 매년 감소했지만, 2021년 E지역의 출생 성비는 전년 대비 증가했으므로 옳지 않은 설명이다.
② 2022년 출생 성비는 E지역이 가장 높고, A지역이 가장 낮으므로 옳지 않은 설명이다.
③ 2019년 대비 2023년 출생아 수 감소율은 A지역이 {(142,562－109,475)/142,562}×100≒23.2%, B지역이 {(58,741－43,586)/58,741}×100≒25.8%, C지역이 {(65,897－48,125)/65,897}×100≒27.0%, D지역이 {(48,236－32,784)/48,236}×100≒32.0%, E지역이 {(26,973－17,825)/26,973}×100≒33.9%로 E지역이 가장 높으므로 옳지 않은 설명이다.
④ 2021년 전체 출생 성비가 105.5로, 남아와 여아의 비율은 105.5 : 100이다. 이때 전체 출생아 수에서 여아가 차지하는 비중은 {100/(105.5＋100)}×100≒48.7%이므로 옳지 않은 설명이다.

20 자료이해

정답 ④

2024년 프로그램 1건당 예산은 A가 6,240/25＝249.6백만 원, B가 4,680/20＝234.0백만 원, C가 4,150/17≒244.1백만 원, D가 6,730/26≒258.8백만 원이므로 옳지 않은 설명이다.

오답 체크

① 〈표 1〉에 따라 2021년 이후 모든 도시에서 미세먼지, 이산화질소 농도는 매년 전년 대비 감소했으므로 옳은 설명이다.
② 2022년 대비 2023년 초미세먼지 농도의 감소폭은 A가 19.6－18.3＝1.3μg/m^3, B가 18.7－17.9＝0.8μg/m^3, C가 17.9－16.8＝1.1μg/m^3, D가 22.7－20.3＝2.4μg/m^3이므로 옳은 설명이다.
③ 대기 환경 예산이 많은 순서에 따른 도시별 순위는 매년 D, A, B, C로 같으므로 옳은 설명이다.
⑤ 〈표 2〉에 따라 2021년 이후 A～D지역의 대기 환경 개선 프로그램 수는 매년 증가하므로 옳은 설명이다.

21 자료변환

정답 ④

ㄱ. 2022년 도시별 미세먼지 농도의 전년 대비 감소량은 A가 38.6－36.4＝2.2μg/m^3, B가 35.4－33.1＝2.3μg/m^3, C가 33.9－32.4＝1.5μg/m^3, D가 42.3－39.5＝2.8μg/m^3이므로 옳은 자료이다.
ㄴ. 연도별 대기 환경 개선 프로그램 수는 〈표 2〉와 일치하므로 옳은 자료이다.
ㄹ. 2021～2024년 연도별 D시 대기 환경 예산의 전년 대비 증가율은 2021년에 {(4,250－3,780)/3,780}×100≒12.4%, 2022년에 {(4,920－4,250)/4,250}×100≒15.8%, 2023년에 {(5,580－4,920)/4,920}×100≒13.4%, 2024년에 {(6,730－5,580)/5,580}×100≒20.6%이므로 옳은 자료이다.

오답 체크

ㄷ. 2020년 전체 이산화질소 농도는 34.7＋28.3＋25.6＋37.2＝125.8μg/m^3이며, 도시별 이산화질소 구성비는 A가 (34.7/125.8)×100≒27.6%, B가 (28.3/125.8)×100≒22.5%, C가 (25.6/125.8)×100≒20.3%, D가 (37.2/125.8)×100≒29.6%이지만 A와 C의 비중이 바뀌어 기재되어 있으므로 옳지 않은 자료이다.

22 자료이해

정답 ③

전체 최종 에너지 소비량에서 '산업' 부문 최종 에너지 소비량이 차지하는 비중은 2021년에 (83.9/149.8)×100≒56.0%, 2022년에 (117.0/195.7)×100≒59.8%, 2023년에 (129.8/213.5)×100≒60.8%, 2024년에 (132.1/217.1)×100≒60.8%이므로 옳지 않은 설명이다.

오답 체크

① 2023년 '전력' 소비량 비중은 100.0－(48.6＋8.3＋16.8＋1.8＋3.3)＝21.2%이고, 2024년 '신재생' 소비량 비중은 100.0－(45.9＋22.7＋7.1＋17.5＋2.0)＝4.8%이다. 이때 최종 에너지 소비를 많이 하는 에너지원부터 순서대로 나열하면, 2022～2024년 순위는 모두 '석유', '전력', '도시가스', '석탄', '신재생', '열에너지'로 같으므로 옳은 설명이다.
② '석유'와 '석탄'의 최종 에너지 소비량 비중의 합은 2021년에 62.1＋9.5＝71.6%, 2022년에 54.7＋10.1＝64.8%, 2023년에 48.6＋8.3＝56.9%, 2024년에 45.9＋7.1＝53.0%로 2022년 이후 매년 전년 대비 감소하므로 옳은 설명이다.
④ 2022년 이후 최종 에너지 소비량의 전년 대비 증감 방향은 모든 부문에서 증가로 같으므로 옳은 설명이다.
⑤ 2021년 대비 2023년 최종 에너지 소비량의 증가폭은 '수송'이 37.8－30.9＝6.9백만 TOE, '공공·기타'가 7.2－2.6＝4.6백만 TOE로 '수송'이 '공공·기타'의 6.9/4.6＝1.5배이므로 옳은 설명이다.

23 자료이해

정답 ①

검진 대상 중 '비만'에 속하는 학생이 차지하는 비중은 '초등학교'가 (50 / 264) × 100 ≒ 18.9%, '중학교'가 (32 / 132) × 100 ≒ 24.2%, '고등학교'가 (38 / 147) × 100 ≒ 25.9%이므로 옳은 설명이다.

오답 체크

② '비만', '시력 이상', '구강 질환'에 속하는 학생의 합은 '중학교'가 32 + 82 + 38 = 152만 명, '고등학교'가 38 + 116 + 46 = 200만 명으로 각 학교 유형별 검진 대상보다 많으므로 옳지 않은 설명이다.

③ '비만', '시력 이상', '구강 질환' 각각에 속하는 학생이 많은 학교 유형부터 순서대로 나열하면 '비만'과 '구강 질환'은 '초등학교', '고등학교', '중학교' 순으로 같지만, '시력 이상'은 '고등학교', '초등학교', '중학교' 순이므로 옳지 않은 설명이다.

④ 검진 대상 중 '구강 질환'에 속하는 학생이 차지하는 비중은 '초등학교'가 (64 / 264) × 100 ≒ 24.3%, '중학교'가 (38 / 132) × 100 ≒ 28.7%, '고등학교'가 (46 / 147) × 100 ≒ 31.5%, 전체가 (148 / 543) × 100 ≒ 27.3%이므로 옳지 않은 설명이다.

⑤ 검진 대상이 많은 학교 유형부터 순서대로 나열하면 '초등학교', '고등학교', '중학교'이고, '시력 이상'에 속하는 학생 수가 적은 학교 유형부터 순서대로 나열하면 '중학교', '초등학교', '고등학교'이므로 옳지 않은 설명이다.

24 자료이해

정답 ①

ㄱ. OTT 서비스 가입자 수의 2021년 대비 2023년 비율은 A가 420 / 285 ≒ 1.47, B가 306 / 195 ≒ 1.57, C가 290 / 174 ≒ 1.67, D가 285 / 147 ≒ 1.94, E가 229 / 96 ≒ 2.39 로 E가 가장 높고, 월간 활성화 이용자 수의 2021년 대비 2023년 비율은 A가 328 / 213 ≒ 1.54, B가 220 / 131 ≒ 1.68, C가 186 / 105 ≒ 1.77, D가 197 / 96 ≒ 2.05, E가 142 / 54 ≒ 2.63으로 E가 가장 높으므로 옳은 설명이다.

오답 체크

ㄴ. 2022년 월간 활성 이용자 수는 A가 277만 명으로 가장 많고, 2023년 가입자 수 대비 월간 활성 이용자 수의 비율은 A가 (328 / 420) × 100 ≒ 78.1%, B가 (220 / 306) × 100 ≒ 71.9%, C가 (186 / 290) × 100 ≒ 64.1%, D가 (197 / 285) × 100 ≒ 69.1%, E가 (142 / 229) × 100 ≒ 62.0%로 A가 가장 높으므로 옳지 않은 설명이다.

ㄷ. 2023년 OTT 서비스 유형별 콘텐츠 비중 대비 모바일 앱 이용 비중이 가장 높은 서비스는 기울기가 가장 큰 E이므로 옳지 않은 설명이다.

25 자료이해

정답 ④

ㄱ. B지역의 전체 아동학대 신고율이 50%이고, 정서 학대 발생건수를 x라고 가정하면, 다음과 같은 식을 도출할 수 있다.

$(1,000 \times 0.55) + (x \times 0.40) + (600 \times 0.60) + (500 \times 0.85) = (1,000 + x + 600 + 500) \times 0.50$

$\rightarrow 0.40x + 1,335 = 0.50x + 1,050$

$\rightarrow 0.10x = 285$

$\rightarrow x = 2,850$

따라서 B지역의 정서 학대 발생건수는 2,850건으로 옳은 설명이다.

ㄴ. $\text{신고율(\%)} = \frac{\text{신고건수}}{\text{발생건수}} \times 100$임에 따라 $\text{신고건수} = \frac{\text{신고율} \times \text{발생건수}}{100}$임을 적용하여 신체 학대 신고건수를 구하면, A가 (50.0 × 1,200) / 100 = 600건, E가 (55.0 × 800) / 100 = 440건이므로 옳은 설명이다.

ㄹ. D지역의 성 학대 신고율이 65%라면, A ~ E 지역의 성 학대 신고건수 합은 {(60.0 × 800) + (60.0 × 600) + (50.0 × 700) + (65.0 × 1,200) + (65.0 × 500)} / 100 = 2,295건이므로 옳은 설명이다.

오답 체크

ㄷ. C지역의 방임 발생건수는 700건, 신고건수는 (70.0 × 700) / 100 = 490건으로 발생건수가 신고건수의 700 / 490 ≒ 1.4배이므로 옳지 않은 설명이다.

여러분의 합격을 응원하는

해커스PSAT의 특별 혜택

FREE 7급 PSAT 기출문제 특강

해커스PSAT(psat.Hackers.com) 접속 후 로그인 ▶ 상단의 [인강수강신청] 클릭 ▶
원하는 과목의 [학습수준-테마특강] 클릭 후 5급 기출문제 특강 선택하여 이용

* 7급 PSAT 대비 2025년 5급 기출문제 특강에 한해 수강 가능
* 일부 과목 선생님에 한해 무료 수강 가능(10일간 수강 가능)

해커스PSAT 온라인 단과강의 20% 할인쿠폰

AF6CC83A7040K000

해커스PSAT 사이트(psat.Hackers.com) 접속 후 로그인 ▶
우측 퀵배너 [쿠폰/수강권등록] 클릭 ▶ 위 쿠폰번호 입력 후 이용

* 등록 후 7일간 사용 가능(ID당 1회에 한해 등록 가능)

PSAT 패스 10% 할인쿠폰

KA0CC83CK869C000

해커스PSAT 사이트(psat.Hackers.com) 접속 후 로그인 ▶
우측 퀵배너 [쿠폰/수강권등록] 클릭 ▶ 위 쿠폰번호 입력 후 이용

* 등록 후 7일간 사용 가능(ID당 1회에 한해 등록 가능)

쿠폰 이용 관련 문의 **1588-4055**